U0956840

民國文存

106

梁任公語粹

許嘯天 選輯

知識產權出版社

《梁任公語粹》涉及哲理、政治、國家、學術、社會、教育、宗教和藝術八個方面的内容，通過對梁啟超先生經典語錄的輯錄，闡述了梁啟超先生在上述各方面的諸多觀點與看法，是認識和研究梁啟超先生的思想的重要參考資料。

責任編輯：文　茜　　**責任校對**：韓秀天
特約編輯：賈吉峰　　**責任出版**：劉譯文

圖書在版編目（CIP）數據

梁任公語粹/許嘯天選輯．—北京：知識產權出版社，2017.1
（民國文存）
ISBN 978-7-5130-4591-9
Ⅰ.①梁…　Ⅱ.①許…　Ⅲ.①梁啟超（1873-1929）—語錄
Ⅳ.①B259.1
中國版本圖書館 CIP 數據核字（2016）第 276611 號

梁任公語粹
Liangrengong Yucui
許嘯天　選輯

出版發行：知識產權出版社有限責任公司
社　　址：北京市海淀區西外太平莊 55 號　　郵　　編：100081
網　　址：http://www.ipph.cn　　郵　　箱：bjb@cnipr.com
發行電話：010-82000860 轉 8101/8102　　傳　　真：010-82005070/82000893
責編電話：010-82000860 轉 8346　　責編郵箱：wenqian@cnipr.com
印　　刷：保定市中畫美凱印刷有限公司　　經　　銷：新華書店及相關銷售網站
開　　本：720mm×960mm　1/16　　印　　張：15.25
版　　次：2017 年 1 月第一版　　印　　次：2017 年 1 月第一次印刷
字　　數：180 千字　　定　　價：52.00 元
ISBN 978-7-5130-4591-9

出版權專有　侵權必究
如有印裝質量問題，本社負責調換。

民國文存

（第一輯）

編輯委員會

文學組

組長：劉躍進

成員：尚學鋒　李真瑜　蔣　方　劉　勇　譚桂林　李小龍
鄧如冰　金立江　許　江

歷史組

組長：王子今

成員：王育成　秦永洲　張　弘　李雲泉　李揚帆　姜守誠
吳　密　蔣清宏

哲學組

組長：周文彰

成員：胡　軍　胡偉希　彭高翔　干春松　楊寶玉

出版前言

民國時期，社會動亂不息，內憂外患交加，但中國的學術界卻大放異彩，文人學者輩出，名著佳作迭現。在炮火連天的歲月，深受中國傳統文化浸潤的知識分子，承當著西方文化的衝擊，內心洋溢著對古今中外文化的熱愛，他們窮其一生，潛心研究，著書立說。歲月的流逝、現實的苦樂、深刻的思考、智慧的光芒均流淌於他們的字裡行間，也呈現於那些細緻翔實的圖表中。在書籍紛呈的今天，再次翻開他們的作品，我們仍能清晰地體悟到當年那些知識分子發自內心的真誠，以及其間所蘊藏著的對國家的憂慮、對知識的熱愛、對真理的追求、對人生幸福的嚮往。這些著作，可謂是中華歷史文化長河中的珍寶。

民國圖書，有不少在新中國成立前就經過了多次再版，備受時人稱道。許多觀點在近一百年後的今天，仍可說是真知灼見。眾作者在經、史、子、集諸方面的建樹成為中國學術研究的重要里程碑。蔡元培、章太炎、陳柱、呂思勉、錢基博等人的學術研究今天仍為學者們津津樂道；魯迅、周作人、沈從文、丁玲、梁遇春、李健吾等人的文學創作以及傅抱石、豐子愷、徐悲鴻、陳從周等人的藝術創想，無一不是首屈一指的大家名作。然而這些凝結著汗水與心血的作品，有的已經罹於戰火，有的僅存數本，成為圖書館裡備受愛護的珍本，或成為古玩市場裡待價而沽的商品，讀者很少有隨手翻閱的機會。

鑑此，為整理保存中華民族文化瑰寶，本社從民國書海裡，精心挑出了一批集學術性與可讀性於一體的作品予以整理出版，以饗讀者。這些書，包括政治、經濟、法律、教育、文學、史學、哲學、藝術、科普、傳記十類，綜之為“民國文存”。每一類，首選大家名作，尤其是對一些自新中國成立以后沒有再版的名家著作投入了大量精力進行整理。在版式方面有所權衡，基本採用化豎為橫、保持繁體的形式，標點符號則用現行规範予以替換，一者考慮了民國繁體文字可以呈現當時的語言文字風貌，二者顧及今人從左至右的閱讀習慣，以方便讀者翻閱，使這些書能真正走入大眾。然而，由於所選書籍品種較多，涉及的學科頗為廣泛，限於編者的力量，不免有所脫誤遺漏及不妥當之處，望讀者予以指正。

目　錄

一、哲 理

只要從生活中看出自己的生命，自然會與宇宙融合為一；《易傳》說的“窮理盡性以至於命”，《中庸》說的“能盡其性，則能盡人物之性，可以與天地參”，就是這個道理。

——《學術演講》，❶ 第一輯第二十五頁，《評胡適之〈中國哲學史大綱〉》

怎麼纔能看出自己的生命呢？這要引宋儒的話，說是“體驗”得來。體驗是要各人自己去做，那就很難以言語形容了。

——同上，第一輯第二十五頁，《評胡適之〈中國哲學史大綱〉》

認自然界是和自己生命為一體，絕對可讚美的，只要領略得自然界的妙味，也便領略得生命的妙味。

——同上，第一輯第二十五頁，《評胡適之〈中國哲學史大綱〉》

體驗不是靠模索❷，要有行為（有活動），纔有體驗，因為儒家所認的宇宙，原是生生相續的動相，活動一旦休息，便不能“與天地相似”了。

——同上，第一輯第二十五頁，《評胡適之〈中國哲學史大綱〉》

對於這種動相，雖然常常觀察他，却不是靠他來增加智識，因

❶ 此處當為“《梁任公學術術講演集》”，後文中不再出註。——編者註

❷ “模索”，當為“摸索”。——編者註

為智識的增加減少，和自己眞生命沒有多大關係的。

——同上，第一輯第二十六頁，《評胡適之〈中國哲學史大綱〉》

所好所安，就是各個人從感情發出來的信仰。各人所好所安，誰合理、誰不合理，那樣有效率、那樣沒有效率，絕不是拿算學式的物理學的眼光所能判斷。

——同上，第一輯第七十三頁，《評非宗教同盟》

理性是一件事，情感又是一件事，理性只能叫人知道某件事該做、某件事該怎樣做法，却不能叫人去做；能叫人去做事的，只有情感。

——同上，第一輯第七十五頁

我所做的事常常失敗，然而我總是一面失敗一面做；因為我不但在成功裏須感覺趣味，就在失敗裏頭也感覺趣味。

——同上，第一輯第一四七頁，《趣味教育和教育趣味》

精神上的快樂，補得過物質上的消耗而有餘。

——同上，第一輯第一四八頁

趣味是活動的根源，趣味乾竭，活動便跟着停止。

——同上，第一輯第一四八頁

趣味是生活的原動力，趣味喪掉，生活便成了無意義。

——同上，第一輯第一四九頁

趣味的性質，是越引越深。想引得深，總要時間和精力比較的集中纔可。

——同上，第一輯第一五二頁

各人選擇他趣味最濃的事項做職業，自然一切勞作，都是目的，不是手段，越勞作越發有趣。

——同上，第一輯第一五四頁

欲望的本質不是懷❶的，但要給他一個度量分界，纔不至以我個人過度的欲望侵害別人分內的欲望。

——同上，第二輯第四一頁，《先秦政治思想》

生命卽是活動，活動卽是生命。活動停至❷，便是生命停止。

——同上，第一輯第一〇八頁，《教育家的自家田地》

厭倦是人生第一件罪惡，也是人生第一件苦痛。

——同上，第二輯第一〇八頁

厭倦是一種想脫離活動的心理現象。換一句話說，就是不願意勞作。

——同上，第二輯第一〇八頁

從勞作中得着快樂，這種快樂，別人要幫也幫不來，要搶也搶不去，我起他一個名叫做“自己田地”。

——同上，第二輯第一一〇頁

快樂藏在職業的本身，不必等到做完職業之後找別的事消遣纔有快樂。

——同上，第二輯第一一六頁

凡人必常常生活於趣味之中，生活才有價值。

——同上，第二輯第一二一頁，《學問之趣味》

凡一件事做下去不會生出和趣味相反的結果的，這件事便可以為趣味的主體。

——同上，第二輯第一二二頁

凡趣味的性質，總要以趣味始，以趣味終。

——同上，第二輯第一二二頁

❶ “懷”，當為“壞”。——編者註
❷ “停至”，當為“停止”。——編者註

凡趣味總要自己領略，自己未曾領略到時，旁人沒有法子告訴你。

——同上，第二輯第一二三頁

趣味主義最重要的條件是“無所為而為。”

——同上，第二輯第一二四頁

凡人類的本能，只要那部分擱久了不用，他便會麻木、會生銹。

——同上，第二輯第一二五頁

趣味總是藏在深處，你想得着，便要入去。

——同上，第二輯第一二六頁

不怕範圍窄，越窄越便於聚精神；不怕問題難，越難越便於鼓勇氣。

——同上，第二輯第一二七頁

人類任操何種卑下職業、任處何種煩勞境界，要之總有機會和自然之美相接觸。

——《學術演講集》，第三輯第三頁，《美術與生活》

因自己的才能境地做一種勞作做到圓滿，便是天地間第一等人。

——同上，第三輯第十四頁，《敬業與樂業》

凡做一件事，便把這件事看做我的生命，無論別的什麼好處，到底不肯犧牲我現做的事來和他交換。

——同上，第三輯第十五頁

不從智識基礎上求權力，權力斷斷乎得不到；僥倖得到，也斷斷乎保持不住。

——同上，第三輯第八十八頁，《人權與女權》

我很快樂，因為我常常在我的工作中發見意外的光明。

——同上，第三輯第一〇八頁，《歷史統計學》

從麻煩勞苦中得着一點成功，便是人生最快樂的事；或者還可以說人生目的就在此。

——同上，第三輯第一一三頁

人類所以獨稱為文化的動物者，全在其能創造且能為有意識的模仿。

——同上，第三輯第一二〇頁，《什麼是文化》

無論何種創造行為中，都不能絕對的不含有模仿的成分。

——同上，第三輯第一二四頁

要彼我交感互發，成為一體，然後我的人格纔能實現。

——同上，第三輯第一七六頁，《為學與做人》

一個人的意志，由剛强變為薄弱極易，由薄弱返到剛强極難。

——同上，第三輯第一八〇頁

無精神生活的人，知識愈多，痛苦愈甚；作歹事的本領也增多。

——同上，第三輯第二一八頁，《東南大學課畢告別辭》

一個人不能發展他的個性，便是自暴自棄。

——同上，第三輯第二三七頁，《教育應用的道德公準》

一個人要保持勇氣，須從一切行為可以公開做起。

——同上，第三輯第一七九頁，《為學與做人》

人類活動狀態，其性質為整個的，為成套的，為有生命的，為有機能的，為有方向的。

——《中國歷史研究法》，第三章第六十一頁，《史之改造》

凡事物之時間的聯絡關係，往往非俟時間完全經過之後不能比勘而得。

——同上，第五章第一三九頁，《史料之蒐集與鑑別》

思想批評必須建設於實事的基礎之上，而非然者，其思想將為枉用，其批評將為虛發。

——同上，第五章第一七九頁，《史料之蒐集與鑑別》

宇宙之因果律，往往為複的而非單的，為曲的而非直的，為隔的、伏的，而非連的、顯的，故得其真也甚難。

——同上，第六章第一九九頁，《史蹟之論次》

心力既非物理的或數理的因果律所能完全支配，則其所產生之歷史，自亦與之同一性質。

——同上，第六章第二〇〇頁

心的運動，其速率本非物的運動所能比擬，故人類之理想及欲望，常為自然界所制限。

——同上，第六章第二一〇頁

倘使心的經過之對於時間的關係，純與物的經過同一，則人類征服自然，可純依普通之力學法則以行之。

——同上，第六章第二一〇頁

人事之關係複雜，而人心之動發又極自由，故往往有動機極小而結果極大者，更有結果完全與動機分離而別進展於一方向者。

——同上，第六章第二一〇頁

心的進展，時或被物的勢力所堵截而折回；或為所牽率而入於其所不豫期之歧路；直待漸達心物相應的境界，然後此史蹟乃成熟。

——同上，第六章第二一八頁

同一之心的活動，易時易地而全異其價值。

——同上，第六章第二一九頁

有可能性謂之因，使此可能性觸發者謂之緣。

——同上，第六章第二二〇頁

權謀不可不用，然亦不能久用；利害不可不審，然正不可太審。

——《盾鼻集》函牘類，第八頁

吾儕知世界潮流不可拂逆；凡一切頑迷復古思想，根本上不容存在今日，强欲逆流而泝，决無成績，徒種惡因。

——《盾鼻集》論文類，第八十七頁，《五年來之教訓》

無論何人之言，决不肯漫然置信，必求其所以然之故，常從衆人所不注意處覓得間隙，既得間，則層層逼拶直到盡須處，苟終無足以起其信者，雖聖哲父師之言不信也。

——《清代學術概論》，第五十七頁

思想蛻變之樞機，有捩於彼而闢於此者。

——同上，第九十八頁

時代思潮之為物，當運動熱度最高時，可以舉全社會各部分之人人，悉參加於此運動。

——同上，第一〇九頁

墨子以為厭世乃志行薄弱的人的行徑；世界本由人造成的，固然不可厭，也不該厭；所以抗這種潮流，“摩頂放踵利天下為之”。

——《墨子學案》，第十頁

墨子所謂愛是以實利為標準；他以為有一部分人奢侈快樂，便損了別部分人的利了；所以反對他。

——同上，第十六頁

墨子講兼愛，常用“兼相愛，交相利”八字連講必合起來，他的意思纔明。兼相愛是理論，交相利是實行這理論的方法。兼相愛是託爾斯泰的利他主義，交相利是科爾璞特金的互助主義。

——同上，第十六頁

孔子和墨子有根本不同之處。孔子是有“己身”“己家”“己國”的觀念，既已有個“己”，自然有個“他”相對待；“己”與“他”之間，總不能不生出差別。墨子却以為這種差別觀念，就是社會罪惡的總根源，一切乖忤、詐欺、盜竊、篡奪、戰爭，都由此起。

——同上，第十九頁

差別主義，結果一定落到有愛有不愛：墨子以為這就是“兼相愛”的反面成了。

墨子是一位實行家，從不肯說一句偏於理想的話，他論事物的善惡，專拿有用無用做標準。他以為“善”的範圍和有用的範圍，一定適相脗合。

——同上，第二十一頁

非攻主義，是由兼愛主義直接衍出，既已主張兼愛，則“攻”之當“非”，自然不成問題，為甚麼還要特標出來做一種主義呢？因為當時軍國主義，已日見發達；多數人以為國際上道德和個人道德不同，覺得為國家利益起見，無論出甚麼惡辣手段都可以。

——同上，第二十四頁

墨子所“非”的，是“攻”，不是“戰”。質言之，侵略主義極端反對；自衛主義，却認為必要。

——同上，第二十六頁

墨子以為：人類之欲望，當以維持生命所必需之最低限度為標準。

——同上，第二十九頁

墨子以為：凡奢侈的人，便是侵害別人的生存權。

——同上，第三十頁

墨子以為：生產一種物事，是要費資本、費勞力的，那麼，就要問：費去的資本、勞力能彀增加多少效用？所費去的和所增加的比較，能否相抵而有餘？

——同上，第三十頁

自己的勞力和光陰，做完了自己分內事業，還有餘賸，拿去幫別人，做這就是“餘力相勞”。自己的資財，維持自己一身和家族的生活，還有餘賸，拿去分給別人，這就是“餘財相分”。這兩句話墨子書中講得最多。

——同上，第三十七頁

墨家非攻，儒家亦非攻。儒家非攻，專是義不義問題。墨家非攻，義不義問題之外，還有個利不利問題。

——同上，第三十九頁

少數人格外占便宜得利益，從這少數人方面看，誠然是有利了；卻是大多數人受了他的害。從墨子愛利天下的眼光看來，這決然是害，並不是利。反之，若是少數人喫虧，多數人得好處，墨子說他是利。

——同上，第四十二頁

墨子的實利主義，原是極好；可惜範圍太窄了，只看見積極的實利，不看見消極的實利。所以弄到只有義務生活，沒有趣味生活。

——同上，第四十五頁

判斷是要兩個以上的觀念相連結，纔能發生。

——同上，第九十七頁

用“是”“非”等字樣判斷兩個概念的關係便是意；表示這意的那句話便是辭。

——同上，第九十七頁

推論是要兩個以上的判斷相連結，纔能發生。

——同上，第九十七頁

實，是客觀上的對境；名，是主觀上的概念。將對境攝取成為概念，概念對境，一致脗合，像以印印泥，印出的形象，即是原型的形象，這就是“名實耦”。

——同上，第九十九頁

倫理學家固最尊自由；其所謂自由者，謂須使良心絕對自由，而不為肢體嗜欲之所制。今若為逸遊淫蕩、放縱卑劣之行，試一返諸汝最初之良心，其必不以為可也，亦明矣。

——同上，第二十四頁

人類從心界、物界兩方面調和結合而成的生活，叫做“人生”；我們懸一種理想來完成這種生活，叫做“人生觀”。

——《飲冰室文集》，第六十八卷第二頁，《人生觀與科學》

人生問題有大部分是可以——而且必要用科學方法來解決的，卻有一小部分——或者還是最重要的部分是超科學的。

——同上，第二頁，《人生觀與科學》

凡屬於物界生活之諸條件，都是有對待的。有對待的自然一部或全部應為“物的法則”之所支配。我們對於這一類生活，總應該根據“當時此地”之事實，用極嚴密的科學方法，求出一種“比較合理”的生活。這是可能而且必要的。

——同上，第三頁，《人生觀與科學》

我承認人類所以貴於萬物者在有自由意志；又承認人類社會所以日進，全靠他們的自由意志。但自由意志之所以可貴，全在其能選擇於善不善之間而自已作主以決從違。所以自由意志是要與理智相輔的。

——同上，第三頁

人類生活，固然離不了理智；但不能說理智包括盡人類生活的全內容。此外還有極重要一部分，——或者可以說是生活的原動力，就是“情感”。情感表出來的方向很多，內中最少有兩件的的確確帶有神祕性的，就是“愛”和“美”。

——同上，第四頁

人類關涉理智方面的事項，絕對要用科學方法來解決。關涉情感方面的事項，絕對的超科學。

——《飲冰室文集》，第六十八卷第五頁，《人生觀與科學》

人生觀是個人的，各人有各人的人生觀。各人的人生觀，不必都是對的，不必於人人都合宜。

——同上，第二十頁，《“知不可而為主義”與“為而不有主義”》

我是感情最豐富的人。我對於我的感情都不肯壓抑，聽其盡量發展。發展的結果，常常得意外的調和。“責任心”和“興味”都是偏於感情方面的多，偏於理智方面的少。

——同上，第二十頁

成功與失敗本來不過是相對的名詞，一般人所說的成功不見得便是成功，一般人所說的失敗不見得便是失敗。天下事有許多，從此一方面看說是成功，從別一方面看也可說是失敗；從目前看可說是成功，從將來看也可說是失敗。

——同上，第二十一頁

宇宙間的事絕對沒有成功，只有失敗。“成功”這個名詞，是表示圓滿的觀念，“失敗”這個名詞，是表示缺陷的觀念；圓滿就是宇宙進化的終點，到了進化終點，進化便休止；進生休止不消說是連化活都休止了。所以平常所說的成功與失敗，不過是指人類活動休息的一小段落。

——同上，第二十二頁

我們既做了人，做了人既然不能不生活，所以生活不管是段片也罷，是微塵也罷，只要在這微塵生活、段片生活裏，認為應該做的，便大踏步的去做，不必打算，不必猶豫。

——同上，第二十四頁

遇事先計畫成功與失敗，豈不是一世在疑惑之中？遇事先怕失敗，一面做，一面愁，豈不是一世在憂愁之中？遇事先問失敗了怎麼樣，豈不是一世在恐懼之中？

——同上，第二十五頁

理論可由冥思或耳食而得，若夫實際的設施，非切按諸環境及經過之事實，則末由適當也。

——同上，第七十卷第八頁，《"平民教育孟祿特號"序》

好記性的人不見得便有智慧；有智慧的人比較的倒是記性不甚好。你所看見者，是他發表出來的成果，不知他這成果原是從銖積寸累、困知勉行得來。

——同上，第三十六頁，《國學入門書目及其讀法》

人生目的不是單調的，美也不是單調的。為愛美而愛善，也可以說為的是人生目的；因為愛美本來是人生目的的一部分。訴人生苦痛，寫人生黑闇，也不能不說是美；因為美的作用，不外令自己或別人起快感；痛楚的刺激也是快感之一。

——同上，第七十一頁，《情聖杜甫》

天下最神聖的莫過於情感：用理解來引導人，頂多能叫人知道那件事應該做，那件事怎樣做法，却是被引導的人到底去做不做，沒有什麼關係；有時所知的越發多，所做的倒越發少，用情感來激發人，好像磁力吸鐵一般。有多大分量的磁，便引多大分量的鐵，絲毫容不得躲閃。所以情感這樣東西，可以說是一種催眠術，是人類一切動作的原動力。

——同上，第七十一卷第一頁，《中國韵文裏須所表演的情感》

情感的性質是本能的，但他的力量，能引人到超本能的境界；情感的性質是現在的，但他的力量，能引人到超現在的境界。我們想入到生命之奧，把我的思想行為和我的生命迸合為一；把我的生命和宇宙和衆生迸合為一；除却通過情感這一個關門，別無他路，所以情感是宇宙間一種大祕密。

——同上，第二頁

情感的作用固然是神聖，但他的本質不能說他都是善的，都是美的：他也有很惡的方面，他也有很醜的方面。他是盲目的，到處亂碰亂迸，好起來好得可愛，壞起來也壞德[1]可怕。所以古來大宗教家、大教育家，都最注意情感的陶養，老實說，是把情感教育放在第一位。情感教育的目的，不外將情感善的、美的方面盡量發揮，把那惡的、醜的方面漸漸壓伏、淘汰下去。這種工作做的一分，便是人類一分的進步。

——同上，第二頁

悲痛以外的情感，並不是不能用這種方式去表演。他的訣竅，只是當情感突變時，捉住他“心奥”的那一點，用强調寫到最高度。

——同上，第七頁

人類這樣東西，眞是天地間一種怪物，他時時刻刻拿自己的意志，創造自己的地位，變化自己的境遇，却又時時刻刻被他所創造、所變的地位境遇支配起自己來。

——同上，第七十二卷第二頁，《歐遊心影錄節錄》

大凡一個人，若使有個安心立命的所在，雖然外界種種困

[1] “壞德”，當為“壞得”。——編者註

苦，也容易抵抗過去。

——同上，第七十二册第八頁

依着科學家的新心理學，所謂人類心靈這件東西，就不過物質運動現象之一種。精神和物質的對待，就根本不成立。所謂宇宙大原則，是要用科學的方法試驗得來，不是用哲學的方法冥想得來的。

——同上，第九頁

近代的歐洲，新思想和舊思想矛盾，不消說了。就專以新思想而論，因為解放的結果，種種思想同時從各方面迸發出來，都帶着幾分矛盾性。如個人主義與社會主義矛盾，社會主義和國家主義矛盾，國家主義和個人主義也矛盾，世界主義和國家主義又矛盾。從本原上說來，“自由”“平等”兩大主義，總算得近代思潮總綱領了，却是絕對的自由和絕對的平等，便是大大一個矛盾。分析起來，哲學上唯物和唯心的矛盾，社會上競存和博愛的矛盾，政治上放任和干涉的矛盾，生計上自由和保護的矛盾。種種學說，都足言之有故持之成理。從兩極端分頭發展，愈發展的速，愈衝突得劇。消滅是消滅不了，調和是調和不了。種種懷疑，種種失望，都是為此。

——同上，第十二頁

人類只要精神生活不枯竭，那物質生活，當然不成問題。

——同上，第十五頁

感覺現狀不滿足，自然生出努力，這努力便是活路。

——同上，第十七頁

我們要完成自己的個性，卻四面遇着怨敵，所以坐在家裏頭也要奮鬬，出來到一切人事交際社會也要奮鬬。不是鬬別人，却是鬬

自己。稍鬆點勁，一敗塗地，做了捕虜[1]，永世不能自由了。

——同上，第二十三頁

人生最大目的，是要向人類全體有所供獻。為什麼呢？因為人類全體纔是"自我"的極量，我要發展"自我"，就須向這條路努力前進。

——同上，第二十八頁

人類組織團體的本能，是個有彈力性常常擴充的，不是個一成不變甘於保守的。

——同上，第七十四卷第十八頁

現在之中國，勢力卽罪惡；任受何方面勢力之支配或牽掣，卽與罪惡為鄰。

——同上，第七十五卷第一頁，《時事新報五千號紀念辭》

吾儕以為今日之惡勢力，不獨一方面；凡所謂勢力者，大抵皆惡也，吾儕一不能有所庇縱。

——同上，第二頁

報館之天職，在指導社會、矯正社會，而萬不容玩弄社會、逢迎社會。

——同上，第二頁

野戰礮、機關鎗之威力，可以量、可以測者也；其不可量、不可測者，乃在輿論之空氣。

——《致吳子玉書》

空氣之為物，若至弱而易侮，及其積之厚而扇之急，順焉者乘之以瞬息千里，逆焉者則木可拔而屋可發，雖有賁獲，莫能禦也。

---

[1] "捕虜"，當為"俘虜"。——編者註

——《致吳子玉書》

大覺悟與大懺悔，非大英雄不能也。

——《與曹仲珊書》

希望是人類第二個生命，悲觀是人類活受的犯刑。

——《辛亥革命之意義與十年雙十節之樂觀》

為今之人，就是不愛管事，迫着也要管事，就是不會管事；也得學學管事。換一句話：總要把幾千年來，孤獨睽離的生活蛻變一下子，常常找個機會來練習練習協同動作的生活。

——《無槍階級對有權❶階級》

祕密總是罪惡，雖以極光明之人，多做幾回祕密行動，也會漸漸變壞。

——《外交歟內政歟》

冒險犧牲的精神減少，說話的效力也減少了。

——《外交歟內政歟》

凡人類能有所造作者，於其自業力之外，尤必有共業力為之因緣。所謂共業力者，即某時代某部分之人共同所造業，積聚餘傳於後；而他時代人之承襲此公共遺產者，各憑其天才所獨到，而有所創造。其所創造者，表面上或與前業無關係，即本人亦或不自知；然以史家慧眼燭之，其淵源歷歷可溯也。

——《翻譯文學與佛典》

離却主觀的經驗，那客觀是什麼東西，我們便不能想像。

——《佛教心理學淺測》

我們的心意識，有隨滅和相續兩種狀態，是確的，試稍加內省

❶ “有權”，當為“有槍”。——編者註

工夫，自然察覺。這兩種狀態。本來是一件東西的兩面。但據粗心或幼稚的哲學家看來，那“念念生滅心”剎那不停新陳代謝，容易看出他無常不實，所以公認他是心理上所研究的對象，會結他“意識之流”或其他名目。至於次第相續心，他遞嬗的變化很微細不易察見，表面上像是常住的，而且他又能貯藏過去的經驗令他再現，很像總持我身心的一個主宰，像是能有一切能知一切的主人翁。所以一般人的常識乃至一部分哲學家，多半起“我思故我存”等妄見認這個為“自我。”

——《佛教心理學淺測》

所謂人生，所謂宇宙，只是事情和事情的交互，狀態和狀態的銜接，隨生隨住隨變隨滅，隨滅復隨生。

——《佛教心理學淺測》

想人類由愚變智有辦法，想人類由智變愚沒有辦法。人類既已有了智識，只能從智識方面，盡量的濬發，盡量的剖析，叫他智識不謬誤，引到正軌上來；這纔算順人性之自然，“法自然”的主義纔可以貫徹。

——《老子哲學》

今試行窮鄉下邑輒兒有弱嫠襁負呱呱之子襤褸而行乞者。吾人習見，莫之或奇，莫之或敬也。而不知此種行為之動機，乃純出於“損己而益所為”，純是“為身之所惡以成其子之所急”，其在文化與我殊系之民族，則婦女為葆其膚顏之美姣而棄子弗字者，比比然矣。

——《〈墨子學案〉第二序》

又恆見有壯夫侍其老羸廢疾之父母昆弟，因以廢其固有之職業，雖百艱而不肯舍去。亦有齒落髮白垂盡之年，不肯稍自暇

逸，汲汲為其子孫謀者。若此之類，就一方面論，或可謂妨害個性之發展。就他方而論，則互助精神，圓滿適用，而社會之所由密集而永續也。

——《〈墨子學案〉第二序》

夫所謂“縻頂至踵利天下”者，質言之，則損己以利他而已。利億萬人固利他，利一二人亦利他。汎愛無擇固利他，專注於其所親亦利他也。己與他之利不可得兼時，當置他於第一位而置己於第二位是之謂“損己而益所為”，是之謂墨道也。

——《〈墨子學案〉第二序》

思想是要自由的，但却不能囫圇，却不能模稜，對於和自己不同的見解，必要辯駁，或者乃至排斥。辯駁排斥，不能說是侵人自由，因為他也可以照樣的辯駁我排斥我。

——《戴東原哲學》

我確信絕對的創造是沒有的，任何新穎任何高奇的思想，總要受幾分歷史傳下來的影響，只要在全人類千萬相繼不斷的“創造線”上添上一分半寸，就算是創造。

——《戴東原哲學》

眞理善惡本來不是絕對的：仁與不仁，像是兩極端，其實只是從一根線上發生出來。一個欲字，仁與不仁都要靠做根核，所以說是中性。

——《戴東原哲學》

我們哲學史上發生最早而爭辯最烈的，就是“人性”問題。詳細點說是“性善”“性惡”“性無善無惡”“性有善有惡”的問題。這個問題，是一切教育一切政治之總出發點，因為有性善性惡主張之歧異，教育方針當然各各不同，而一切社會組織政治設施之根本

觀念，都隨而移動。這個問題，和現實生活之直接關係如此其深切，所以無論何派哲學家都參加討論。

——《戴東原哲學》

氣候、山川之特徵，影響於住民之性質，性質累代之蓄積發揮，衍為遺傳。此特徵又影響於對外交通及其他一切物質上生活，物質上生活，還直接影響於習慣及思想。故同在一國同在一時而文化之度相去懸絕，或其度不甚相遠，其質及其類不相蒙，則環境之分限使然也。

——《近代學風之地理的分布》

使物質上環境果為文化唯一之原動力，則吾儕良可以委心任運，聽其自然變化；而在環境狀態無大變異之際，其所產穫者亦宜一成而不變，然而事實上决不爾爾。

——《近代學風之地理的分布》

唯物史觀派所主張謂物質的環境具萬能力，吾儕一切活動，隨其所引以為進展，聽其所制以為適應，其含有一部分眞理，無少疑也。

——《近代學風之地理的分布》

人類之所以秀於萬物，能以心力改造環境而非僩，然悉環境所宰制“一夫善射百夫决拾”，心力偉大者一二人先登也，而其浡興遂不可禦也。

——《近代學風之地理的分布》

其在文物郁郁之鄉，則思如何而後可以無慚於先達，續其緒勿使墮也；又深察乎一時之盛不可以恃，各鄉邦固有昔盛而今衰者矣，引此為鑒而日兢兢也。其在昔盛今衰之鄉，則夙夜圖所以振之，使先輩心力薰鑄於吾之潛意識者迅奮復活也。其在夙未展拓之鄉則知恥懼，愈加努力，毋使長為國中文化落伍之區域；而又思夫他鄉之所以先進，亦不過一二仁人君子心力之為，誦“彼丈夫我亦丈夫”之言而自壯自力也。

——《近代學風之地理的分布》

夫自然界之力所能限制吾人者蓋可睹耳，今者全世界學風且刹那刹那交相簸盪，而更何一省、一郡、一邑之所能私？即以近三百年間所演觀之，其末流固已交光互影而地域的色彩日益淡矣；其普及之均度，亦月異而歲不同。吾祝十年後有賡續吾文者，其所述學術之種類及內容有以異於今所云，而平均發展之度亦日益進，不復如今之偏枯而可增也。

——《近代學風之地理的分佈》

一事業之完成，大非易易。故一國民在一時代間，往往僅能完成一種事業；或以一種事業為主，而其他為輔。

——《歷史上中華國民事業之成敗及今後革進之機運》

一事業所歷時代之長短，恆以其事業之難易及事業所被範圍之廣狹為比例。

——《歷史上中華國民事業之成敗及今後革進之機運》

凡事業未有不根據一理想而生者，理想既深入人心，於是發為性情，演為制度，而事業隨之。我國民以數十年賡續的努力，完成此大事業，果恃何種理想以為之貫注耶？此種理想，對於現在及將來新事業之成敗，有何關係耶？此實我國民目前亟當內省審處之一重要問題。

——《歷史上中華國民事業之成敗及今後革進之機運》

前此為“形成”事業所用之手段，有足為將來發展事業之基礎者，亦有足為其障礙者，宜分別保存革易。

——《歷史上中華國民事業之成敗及今後革進之機運》

消極的妥協性。只適於自全，不適於自發；我國民今後宜努力於環境之改造，使環境與我妥協，不可徒以我妥協於環境。

——《歷史上中華國民事業之成敗及今後革進之機運》

個性不發展，則所謂世界大同，人類平等之諸理想，皆沒由實現；而思想自由一被限制，卽足為個性發展之障；故思想宜勿求統一，經一番混雜，自有一番光明。

——《歷史上中華國民事業之成敗及今後革進之機運》

聞諸智者見事於未形，未形云者，非無形也。月暈而知風，礎潤而知雨，風雨之未至，而其形則既具矣。特為他種現象所障，隱伏焉而未予人以共見；及其既至也，人人以為吾固見之矣。信能見乎未也；其見者為當時之現象，而希能見其現象之所由來與其所終極。

——《歐洲大戰史論》

明者見果則遡因，見因則推果；能審乎因果相發之理，則恆能思患而豫防焉會值時勢，或且轉禍為福；卽不爾者，亦得以懲前車之覆而毖後車之戒。

——《歐洲大戰史論》

互相倚以為重者，則易以陵人；及至乎予人以不能受。則其所還相加遺者，亦必如其分。且既分曹比耦，要約於平日；一旦有事，自必相羸負而末由自主，無復能有調人資格立乎其間者。故禍一發而不可收也。

——《歐洲大戰史論》

生計之勢力，恆隨政治之勢力為消長；己國政治勢力所不及之地，而欲以生計勢力侵略之，為事固已萬難為勢抑亦不可久。

——《歐洲大戰史概論》

夫報之所以有益於人國者：謂其持論之能適應乎時勢也；謂其能獨立而不倚也；謂其能指陳利害，先乎多數人所未及察者而警告之也；謂其能矯正偏詖之俗論，而納諸軌物也；謂其能補多數人常識所未逮，而為之饋貧糧；也謂其能窺社會心理之微，針對發藥而使之相說以解也；謂其對於政治上能為公平透亮之批評，使當局者有所嚴憚也；謂其建一議、發一策，能使本國為重於世界，四鄰咸知吾國論所在而莫敢余侮也。

——《京報增刊國文祝辭》

夫人生數十寒暑，受其羣之蔭以獲自存，則於其羣豈能不思所報？報之則必有事焉，非曰逃虛守靜而即可以告無罪也明矣。于是乎不能不日與外境相接搆，且既思以已之所信易天下，則行且終其身以轉戰於此濁世。若何而後能磨練其身心以自立於不敗？若何而後能遇事物泛應曲當，無所撓枉？天下最大之學問，殆無以過此；非有所程式而養之於素，其孰能致者。

——《曾文正公嘉言鈔序》

凡人一生之命運二十歲以前則既略定矣。苟不以此時締構立身基礎，過此以往，將未由自振；然此時期中血氣未定，情感紛茁，又新離家庭之顧復，孑身以投入團體生活。所遇之新事物，在在足以移情喪志，稍不自愼，將墮落而永不可拔；又寸陰尺璧，畢生皆然，而少年光陰可寶尤甚：凡記憶力之應用，理想力之啟發，一遇時期，則用力倍蓰，而收效不逮十一。

——《清華學校中等科四年級學生畢業紀念册序》

夫人既相結為一團體，則其性習感想，必有大段相同者存；其對於大問題，所見必甚相近。惟問題愈小者，則其差池亦愈多。

——《共和黨之地位與其態度》

鄙人自問生平無他異人處，惟對於一切事，皆覺興味濃摯。求學有然治事亦有然；凡可以勞吾心勞吾力者，則當其服勞之時與既勞之後，皆覺有無限之愉快。至於其勤勞所得之报酬何如，則不暇問也以故永無失望沮喪之時。

——《到京第一次歡迎會演說辭》

吾輩無論欲為何事，必先有與味[1]，然後有精神；必自有精神，然後能引起他人之精神。精神貫注，何事不成？若仁人志士，嗒然厭世，則乾坤或幾乎息矣。

——《到京第一次歡迎會演說辭》

凡人所以生存者，必有其目的；惟有目的，故能為有機之發達。團體亦然。惟人之發達，為人所易見，若團體則難見。其目的自何而來，視之無形聽之無聲；除其組織此團之團員以外，又何從而認識之？然團體之生命雖寄存于團體之中，而欲集合多數人之目的為一團體之目的，則斷乎其有不能者也。

——《蒞民主黨歡迎會演說辭》

凡居先知先覺之地位者，其言論行動，必規久遠；當其初同情者固未必能多，愈失敗愈足證其埋想之高尚耳。

——《蒞民主黨歡迎會演說辭》

人身雖有各機關，各呈其用，而其主宰實在腦部。腦有所思，百體從令，人格始能統一；若耳目口鼻四肢各不相應，則不僅人格分裂，自問尚可以為人乎。

——《蒞民主黨歡迎會演說辭》

---

[1] “與味”，當為“興味”。——編者註

天下事斷無有利而無害者；有大利則亦必有小害。但令能保全其大利，則固不妨因小害而有所犧牲；若必顧小害，則不僅必致犧牲大利，恐一事亦不能成也。故當大利在前之時，小苦痛萬不能不忍受；此大而為國為民，小而為黨內之事，皆所當知者也。

——《蒞民主黨歡迎會演說辭》

吾常以為人類道德之最可寶貴者，莫如不畏强禦之精神。

——《蒞共和黨歡迎會演說辭》

今日立於世界，不惟當尊重固有之習慣；又當應世界潮流，隨時勢為進步。

——《蒞山西票商歡迎會演說辭》

近數十年來，憂國之士，爭言改革。然求之實際，則所謂改革者，雖不能一一枚舉；然其一貫之原則則不外遷就舊機關，補以西洋物質而已！夫各國之風俗制度，雖各不同；然當改革時代，能先立大本者，斯其改革收功，反是有改革之名，無改革之實。

——《答禮茶話會演說辭》

凡抱一目的，奮勵無前以進行者，斯為眞樂觀；反是者，委心任運，妄託一時之豪興，雖名樂觀，實消極的樂觀而已。

——《答禮茶話會演說辭》

天下之事，决非旦夕所能告成，而於提倡風氣為尤甚。吾輩誠懸一鵠以為進行之凖，日之不足繼之以月；月之不足，繼之以年；其有非一人之力所能為者，則合一團體以圖之。行之期年，安患無健全之國民以為國家柱石哉？

——《答禮茶話會演說辭》

決鬭與暗殺，皆野蠻時代所豔稱為壯烈之舉，而文明時代之大蠹也。然決鬭者如突豬如狂兕，雖復狠戾，其氣象猶有足多者。暗殺者如馴狐如鬼蜮，乘人不備而逞其凶，壯夫恥之。故暗殺為天下莫大之罪惡，且為最可羞之罪惡；此不煩言而可識也。然而愈近世而此風乃愈盛者，則偏頗之輿論實有以奬之。故其毒乃深中於人心而不易湔祓，所謂生於其心害于其實者也。

——《暗殺之罪惡》

暗殺之為物，其所暗殺之人約二種：一曰惡人，二曰名士。其暗殺之動機亦二種：一曰沽名，二曰雪恨。其暗殺之目的亦二種：一曰公憤，二曰私仇。其行暗殺之方法亦二種：一曰躬親，二曰賄嗾。之數種者，為罪雖有輕重之差而皆不免於罪。

——《暗殺之罪惡》

所謂惡者，就各人之主觀名之耳；行暗殺者謂此人為惡焉而殺之，而善惡之標準，豈彼所能定？所謂公敵者亦然：人人各自謂所敵者為公，而公之形式，由何道以表示？不能表示公於何有？故欲假此名以免於罪，無一而可也。

——《暗殺之罪惡》

暗殺之動機，出於義憤者最上已；然君子固已憐其愚。出於沽名者，亦其次也；然斲國家之元氣以成一己之名，居心既不可問矣。若乃自挾宿怨蓄志欲死其人，又憚法網不敢躬親，而賄嗾人以行之；則是合蛇蝎鬼蜮而為一，不足復齒於人類。而彼之受賄嗾而代人犯科者，則操業更與娼優無異斯益不足責矣。

——《暗殺之罪惡》

夫信仰之為物也，當其既深入於人心，誠有確乎不易拔者存；及其一旦破裂，則傾墜之勢，亦莫之能禦。傾墜之後而欲求規復，則為事始絕對不可能。

——《國會之自殺》

苟猶有不易侮者存，則尚可以維持過去之信仰，而假其力以繫將墜之命；及信仰之中心一破，則傾頹之勢，萬牛不能挽也。

——《國會之自殺》

當新中心未成立之時，有舊者為之維繫，綱紐不至遽絕；而舊中心之力且常能刺激栽成其新者而助之長。稍假歲月青黃斯接，據"進化論"人為淘汰之法則，此道固無以易也。

——《國會之自殺》

夫必先有信仰之主體，然後客體信仰之程度，與夫增進其程度之方法，乃有可言。

——《國會之自殺》

西哲有言："宇宙之所以不毀，則人類之希望實筦其樞。"夫希望者將來之事也。人而惟知有現在，不知有將來，則豈惟進化永窒，卽人道或幾乎息矣。

——《一年來之政象與國民程度之映射》

大抵凡物之在宇宙，各有其功用；而以時間空間配置之得宜，能發揮其功用至最大限度，斯謂之經濟。反是則謂之不經濟。

——《述歸國後一年來所感想》

我國比年來對於制度之大患，在有革而無因；感現行制度之不適，則翻根抵而摧棄之。故無論何種制度，皆不能植深基於社會，而功用無自發生。

——《述歸國後一年來所感想》

天下之理本一，而人知不甚相遠；苟其深入而博辯之，則無論何種思想，未有絕對不能相容者也。

——《述歸國後一年來所感想》

惟以誠感人者，人始以誠應；假膺懲之手段以致人之誠，吾未之聞也。

——《中日交涉彙評》

凡有生之物，其遭危難愈多者，則其警戒之愈覺愈敏銳。

——《中日交涉彙評》

凡聽言，最患有所蔽；一有所蔽，則成見橫互於胸，看朱成碧，勢所難免。

——《中日交涉彙評》

自由意志，實人格成立之根本定義；不認人有自由意志，是侮辱人之人格也。侮辱他人之人格者，即無異侮辱自己之人格。

——《中日交涉彙論》

凡人有畏死之心者，覩鬼魅之影而怖焉；既已懷必死之志，則視鬼魅何有者。

——《中日交涉彙論》

凡人類皆有血氣，拯之於危雖涼知感，乘之於危雖懦知憤。

——《中日交涉彙評》

公共信條失墜，箇人對箇人之行為，箇人對社會之行為，一切無復標準；雖欲强立標準，而社會制裁力無所復施。馴至共同生活之基礎，日薄弱以至於消滅。家族失其中心點，不復成家族；市府失其中心點，不復成市府；國家失其中心點，不復成國家。乃至社會一切有形無形之事物，皆失其中心點不復成社會。

——《國性篇》

道德最高之本體固一切人類社會所從同，也至其具象的觀念，及其衍生之條目，則因時而異因地而異。

——《中國道德之大原》

信條之為物，內發於心，而非可以假之於外，為千萬人所共同構現，而絕非一二人所咄嗟造成。

——《中國道德之大原》

夫人之生於世也，無論聰明、才藝若何絕特，終不能無所待於外而以自立；其能生育長成，得飲食、衣服、居處，有智識、才藝，捍災禦患，安居樂業，無一不受環吾身外者之賜。其直接間接以恩我者，無量無極。

——《中國道德之大原》

人若能以受恩必報之信條，常印篆於心目中，則一切道德上之義務，皆若有以鞭辟乎其後，而行之亦親切有味。

——《中國道德之大原》

夫絕對的個人主義，吾國人所從不解也。無論何人皆有其所深恩摯愛者，而視之殆與已同體。

——《中國道德之大原》

夫報恩之義，所以聯屬現社會與過去之社會，使生固結之關係者為力最偉焉。吾國所以能綿歷數千年，使國性深入而鞏固者，皆恃此也。而今則此種思想，若漸以動搖而減其效力；其猶能賡續發揮光大與否，則國家存亡之所攸決也。

——《中國道德之大原》

向上心與僥倖心異：向上心為萬善所歸，而儌倖心實萬惡所集。

——《中國道德之大原》

對抗力者，對於發動力而得名者也。故必他方面有一强大之力，與之對待而不為所屈撓，乃得日對抗。若彼方面之力已就消滅，而此方面之力起而與之易位，則不日對抗；更申言之：凡言乎對抗力者，其力必為相對的；而無對抗力者，其力必為絕對的也。

——《政治上之對抗力》

人與人相處也，凡善諂者必善驕；治者與被治者之相互也，當其為治者而好陵人，當其為被治者，而必甘見陵於人矣。天下之穢德，莫過於是也。

——《政治上之對抗力》

天下事利與害常相麗：欲盡其利，而害且隨焉；欲去其害，而利或緣此不復可見。故擇善之明，與用中之適，聖者以為難。百事皆然。

——《憲法之三大精神》

人類之通性，必賴有督責於其旁者乃易趨善焉；言莫余違，則陷于惡而不自知也。

——《憲法之三大精神》

政治與社會，迭相助長，如環無端，必強指其緩急先後之所存；無論毗于何方，皆不免偏至之誚。而吾儕欲以言論自效於國者，揆諸與父言慈與子言孝之例：若為立於國家機關之人人說法耶；則當昌明社會託命於政治之義，使其知責任之所在；若為國家機關以外之人人說法耶，則當發揮政治植基於社會之義，使其知進取之所。自苟誤其用焉，則吾言或不生反響；或生矣而恰反乎吾所預期。此最不可不慎也。

——《政治之基礎與言論家之指針》

凡人之立於世也，皆有小我，有大我。其所見愈遠者，其大我之範圍亦愈廣；稚子則惟知有具體的小我，而抽象的大我，絕非所喻。故稚子之性理，實極端個人主義之標準也。

——《幼稚論》

凡人之得大無畏者，必其能於事物之眞相有所洞察，知其有不足畏者存。或知其雖畏而不可避也，則無滬勿畏，故大勇必以大智為本。

——《說幼稚》

人所以異於萬物者，彼其心理作用，甚深微妙；常能以其心識超乎己身之外，入乎己身之中，而以己身為其研究之目的物。不寧惟是，並能以己心為其研究之目的物；一面以心為能研究之主體，一面以心為所研究之客體。

——《敬舉兩質義促國民之自覺》

大抵凡聖賢豪傑所以能立德立功者，其大過人之處，即在自知甚明；故能善推其所為而自踐其所當踐。即在一身一家能薄有所成就者，亦恆賴是。

——《敬舉兩質義促國民之自覺》

夫人至於為救死之故而有所求，雖聖賢蓋亦有不能過為責備者矣。雖然，責備固有所不忍施，而分配則終亦窮于術。蓋其性質既變為職業問題，則自不得不為生計原則所宰制。生計原則，凡值供給過於需要之時。救濟之法，惟有兩途：一曰設法增加其需要，二曰設法節少其供給。兩皆不能，則其生計社會必生大混亂；而為此大混亂之犧牲者，將不可紀極。

——《作官與謀生》

吾以為金錢之為物，苟非以相當之勞力而得之、享之，可直謂人生一大不幸事。蓋此種境遇處之稍久，則其人不與惰朝而惰自乘之；惰氣一中，即為終身墮落之媒。凡人一生之運命，惟不斷之奮鬬為能開拓之。

——《作官與謀生》

曾文正公云：“精神愈用則愈出，才智愈磨則愈進。”無論欲為社會立德立功，欲為一身保家裕後，要當以“自強不息”一語，為運命之中堅。而安坐而食之生涯，最能使人之精神體魄，皆漸消磨，現一種凝滯、萎悴、麻木之態，久之乃眞成為社會上無用之長物。

——《作官與謀生》

夫苟血氣就衰之人，自審前途更無責任之可負，則求區區薄祿，如宋人之乞祠領觀，如泰西之年金年老，斯或無可奈何之數；若年富力强之人而斷送一生於此間，則天下可哀愍之事，莫過是也。

——《作官與謀生》

夫人之才性，發育甚難，而消退至易。難有善謳之伶，經年不度曲，則失其聲；雖有善射之夫，經年不彎弓，則失其技。冥洞之魚，非無目也，以不用目故移置明湖，終不見物。韝中之鷹，雖釋其縛而不能高舉也。

——《作官與謀生》

吾敢信今日全世界人類中以云謀生之道，尚推中國人為最易。稍有技能之士，但使能將依賴心與僥倖心剗除淨盡，振其惰氣，以就奮鬬之途；未必在此天府雄國中，竟無立足地。

——《作官與謀生》

今之論人論事者，一則曰經驗，再則曰經驗，夫經驗可貴也，非經驗無以廣儲俗識，而俗識實學識所取資也。雖然，苟無相當之學識，而惟日日馳於經驗，則經驗之能致用者有幾？是故有萬不可犯之原則而貿然犯之者，有極易遵之原則而落落然置之者。故往往用心甚善，用力甚勤，而反招惡果。惡果相襲，猶不省覺；甚則歷受惡果之煎迫，猶不肯認為自招也。

——《良知與學識之調和》

才之為物，由於天授者半，由於自成者半；雖有絕特之資，不試以事歷以艱險，則無自磨練以成才器。前代之由亂而治也，亂之初期，則盡汰勝朝之不才者；其次期，則發難之不才者汰焉，迨末期而不見汰者。

——《罪言》

民之為性也：從善如登也，從惡如萌也。欲保育其優點，動期成於百年，欲逢長其弱點，可暴露於一旦。

——《罪言》

凡人之為惡，其始皆有所不忍也，寖假而忍之矣，寖假而安之矣，寖假而習之矣，寖假而樂之矣。夫至於樂為惡，則良心之本能，既澌滅以盡，舍“麻木”二字，吾無以狀之。此言夫箇人道德墮落之程序也。夫個人之墮落，則何國蔑有？何代蔑有？其不至胥人類而為禽獸者，則恃有社會之普徧良心以為之制裁。彼良心麻木之個人，常為社會所賤棄，而結果終歸于淘汰；則其謬種既不能廣為播殖，即彼箇人者，亦時復為此普徧良心所刺激，而麻木或漸蘇復于一二人。人道所以不絕於天壤，賴此而已！

——《傷心之言》

弱點之種類不一，或浮動而弱，或疲葸而弱，或巧黠而弱，或蠢愚而弱，或淫佚而弱，或觳苦而弱：凡弱皆可利用；而因其弱之種類有異，則其利用所生惡果之大小有異。

——《傷心之言》

夫善於利用弱點之人，未有不成功者；而專以利用弱點為事之人，又未有不失敗者。何也？專喜利用弱點之人，即此便為其本身一大弱點；而此弱點，往往同時被利用於他人而不自覺，究則俱斃而矣！且國民弱點者，國民心理之病徵也；喜利用者不務療已其病，而恆反扇獎之增益之，病日以進，而國日以悴，則亦不至於俱斃焉而不止也。

——《傷心之言》

夫興廢至無常，而盛衰不中立。彼夫澌滅以去者，皆與世界趨勢不相適而見淘汰者也；其奄奄僅存而無聲光可表見者，又日卽於淘汰之列者也。

——《中國立國大方針》

今之語救時者，必曰囘復秩序。夫有形之秩序與一時之秩序，則政府成立後，漸次解散軍隊。隨時救濟市場，斯亦可云囘復矣。至於無形之秩序與繼續之秩序，則非涵養新信條、建設新社會組織，無以致之。而下手之方，則首在舉整齊嚴肅之政治以範鑄斯民。保育政策之精神，如斯而矣。

——《中國立國大方針》

會議何以可貴？以其人人得自由發表意見、人人得自由審擇表决而已！既有此種自由，然後以少數服從多數，則會議之結果，庶得稱為民意之反映。

——《中國立國大方針》

夫所謂特殊智識、特殊技術者，必試驗而始能得其程度也；且必歷以事，然後知其適用之能力何如也。故既認為一種事業，則凡執此專業之人，必試以學而信其及格，試以事而信其勝任，夫然後授之職也。

——《省制問題》

大低❶改革幣制，其運用之妙，全恃銀行兌換券，此稍治國聞者所能共知也。蓋兌換券既能劑市面之供求，則其中必有一大部分不來兌現；而此不兌現之部分，卽可以節省硬幣，而其資金得騰挪之

❶ "低"，當為"抵"。——編者註

餘地。其改革時之鑄本，即可於茲焉取之。

——《余之幣制金融政策》

吾見夫人之愈以娛樂為職志者，其心魂之苦痛恆愈甚耳！蓋人之生本與憂患俱來，而娛樂之度亦至無際。娛樂必與憂患相緣，而所獲恆在不能相償之數。以累日之苦易須臾之樂，以刻骨之苦易過眼之樂；謚為至愚，甯復云過？

——《菲斯的人生天職論述評》

吾儕必當認取一義，以自為受用之地；而不然者，日日所言思動作，若機械之見運而軋軋焉，無停晷也。曾無所嚮之鵠，泯然以終古，則吾之受生，眞可謂絕無意味。且吾儕若長此瞢騰渾沌，則凡百動作，皆無力以自信，常在然疑之間；必且怯於趨善，而倦於進德。其所詒世患何若且勿論，而己身已先自陷於酷苦之淵矣！

——《菲斯的人生天職論述評》

凡百事物之價值，既已一切參透，則視善惡譽譏，皆為平等，舉無足以攖其心，而惟以當前適意為第一受用。

——《菲斯的人生天職論述評》

所謂我者，有理性之我，有感覺之我；理性為人類所獨有，感覺則與其他生物同之。故得名為眞我者，惟此理性而已。然此感覺之我，亦實與理性之我俱來，何以故？苟無“非我”則亦無“我”；我之知“有我”緣與“非我”對待而後知之也。知有非我以與我相對待，是即感覺之作用也。雖然，既有非我與我相對待，則其緣境之影響於我者，常繼續不斷。故自理性一面言之，其本質誠圓融無礙；就感覺一面言之，則緣受外界種種影響，恆複雜矛盾而不相容。而人類既以有理性為其特徵，是宜勿以感覺之我滅理性之我；苟爾爾者，則人類存在之價值，或幾乎息矣！要而言之：我既為我而生，為我而存，以我知良知別擇事理，以我之良能决定行為，義不應受非我者之宰制，蒙非我者之誘惑；若是者謂之自由意志，謂之獨立精神，一切道德律皆導源于是。我對於我之責任，任此而已。

——《菲斯的人生天職論述評》

夫性能以單純為體，而以複雜為用，原不足病也。非複雜則無以盡其性能各部分之功用；厭複雜，是自窒其性也。然當使複雜之用，常得調和，而無致傷及本體；此蓋非有一種特別伎倆，不能致焉。以何道修養而始得此伎倆？此又吾儕所當務也。復此，吾儕當應接外界之時，苟理性之發達未完，則常隨體屈曲，浸假為外界所役，而主奴易位。其極也，能使人格喪滅。若何而能使我常制物，而不制於物？若何而能使物皆效用於我，而我常盡其用？是又非有一種特別伎倆不可焉！以何道脩養而始得此伎倆，又吾儕所當務也。

——《菲斯的人生天職論述評》

大抵“自愛”“他愛”之兩主義，常為古今中外談道學者交鬨之衝。夫曰博愛，曰汎愛，聞其義者，亦復誰能致難？然使自私自利之本能，實蟠結於衆生根性之奧隅，則矯揉以反所趨，為力能幾？寖假競以口頭禪相尚，則是率人於為偽也，而投時翫世者流，或反乘弱瑕以騁詭論，取人性之卑濁一方面，推波助瀾以煽發之。以為一身現在之外，他無可尚。而凡百道藝，歸宿只資以自營；則陷溺橫流，更伊胡底？

——《菲斯的人生天職論述評》

夫吾視吾身外之人與視吾身外之庶物，其觀念宜無差別也；然而竟不能差別者何也？與吾同類之人與夫與吾不同類之庶物，其間相異之特徵有一焉，曰：人類有自由意志，而庶物無之也。蓋一切衆生之行動，雖不敢謂其絕無所嚮之鵠；然常為必然之法則所宰制。人類之食息運動，固亦有一大部分為必然之法則所宰制；然常有多數之行為，為由吾自己之意思自行發動外，則求其原因也而不可得。然則人類意思之絕對自由，確為不可磨滅之眞理；此卽理性所由發寄，而人之所以貴於萬物也。

——《菲斯的人生天職論述評》

吾儕既自覺我躬之具有此自由意志，又覺乎多數圓顱方趾與吾並立於宇宙間者，亦同具有此自由意志，於是乃別而異之曰：彼乃我非類而此乃我同類也。此則社會觀念所由成立也。夫一切衆生之無自由意志者，其行為常受他種原因所宰制。吾儕人類既有自由意志，宜無復他力能宰制我矣；雖然，有此自由意志者不獨我一人也，凡我同類皆有之。故我之自由意志，其影響常波及于他人；他人之自由意志，其影響亦常波及于我。于是乎意志之本體，雖不受他力宰制，其發而為用也，自不能不有互相宰制者存。使多數人自由意志之發動，而能與本來之理性相應耶，則吾所感受者其良影響也；反是則所感受者其惡影響也。人我相互之間，其影響于我躬者如此其巨，此社會所以為重者一矣。

——《菲斯的人生天職論述評》

吾儕日常之行為，苟有與吾理性相矛盾者，蓋未嘗不受良心之督責，蹙然無以自容。又使與吾接媾之人人，日以非理相加，則我躬之困橫，又曷其有極？從可知理性之完否，與幸福之多寡，恰成比例。

——《菲斯的人生天職論述評》

放眼觀過去歷史之趨勢，能使吾儕之杞憂，自然冰釋；蓋使先知覺後知，使先覺覺後覺，覺既儼若天命之莫敢違。已欲立而立人，已欲達而達人，抑且人情所不能自已。人類精神之角鬬，本莫之為而為，莫之致而致；而角鬬之結果，則優勝劣敗，遂無可逃。世間之愚不肖者，早晚必直接間接為賢知者所同化。此事實之章章不可揜者也！

——《菲斯的人生天職論述評》

我既自知我之有此理性，同時復知與我同類皆有此理性；又知彼我理想同為一體，關係至為密切，而影響互相波及。則欲求我理性之發達，自必以他人理性同時發達為一重要條件。故尊重我之自由意志，同時亦尊重他人之自由意志；而非然者，則忽復與我先天之理性相戾矣。

——《菲斯的人生天職論述評》

凡奴畜人者，恆先自奴徵諸事實而最易見。蓋驕與諂必相緣，苟遇弱於我者而恣意壓制之，則遇强於我者必曲意屈服之，此自然之數也。故不知他人之自由意志為可尊者，必其不知自己自由意志為可尊者也；若此者，社會之蟊賊也。且夫强奪他人之自由以從我者，不必其出於惡意也；即臨以善，亦非所宜。逆人之意志而强迫之為善，强迫之力，能支幾時？究其竟，則徒勞而已！况行為不由意志出者，雖惡焉不任受罰，則雖善焉亦不任受賞也。然則蔑視他人之自由者，果無一而可也。

——《菲斯的人生天職論述評》

必有意志之自由，然後行為善惡之責任，始有所歸；而不然者，吾生若器械然：其為善也，有他力使之；其為惡也，有他力使之；既非我所自為，則我亦何能任其責？夫惟自由之性，與生俱來，故擇善趨惡，悉我主之，更無絲毫可容假借，然吾之理性，本自向善，試觀行偶不慊，斯良心立加督責，羞惡應時而發；則性善之義，夫何容疑？其漸習於為惡也，不過為四肢百骸之慾所構煽，而心君忽失其宰制之力，質言之，則心為形役也。

——《菲斯的人生天職論述評》

凡各人之言思動作，不論時之久暫，不論力之大小，而必有一日焉生出若干反影反響，以波及於他人；寖假而波及於全社會，而且留其跡於億萬年以後。吾之此權能吾之此勢力，蓋與受生俱來，非惟非他力所能撓，卽欲自磨滅之而亦不可得。人類之所以可尊，人生之所以可貴，凡以此而已！夫惟其可尊可貴若此，則所以思舉其天職者，益不可不兢兢也。

——《菲斯的人生天職論述評》

夫人生之目的，既以使理性圓滿發達為職志，若何而能使理性圓滿發達，惟有善用自己所有之諸能力，媒介於內界與外界使相適應。其在社會，則宜使全社會之人人，各各善利用其所有之諸能力，互相補助，互相脗合，而媒介於全理想界與全自然界使相適應，如是則非階級不為功也。

——《菲斯的人生天職論述評》

欲以個人而直接向自然界攫取利益、享受教育，為事殆極難；蓋孤獨生活而能致文化之發生者，未之前聞也。社會者，則取凡個人獨力不能利用自然界之事業，而悉負荷之。取凡個人不能向自然界享取之利益，而悉儲蓄之，而還以媒介之於個人。自有社會，而一人之利得，成為萬人共同之利得，古人之財產，成為今人世襲之財產。不甯惟是，個人有耗捐此公共財產者，社會常分擔其責任，思所以補填之而無所於吝由此言之，個人之所託庇於社會者如此其深厚也。

——《菲斯的人生天職論述評》

利用自然界云者，豈非使自然界常服從我乎哉？雖然，自然界固甚倔强；欲使之服從，常不得不與之奮戰。質言之，則世界上一切文化，皆人類戰勝自然界之鹵獲品而已。夫以云作戰，抑何容易？使人人徒手以搏，各不相謀，則雖一人偶奏凱旋，而其他千百人乃望風而靡，有終於敗而已。于是彼社會者，乃結軍團以策戰略；但使有一人獲勝，則是社會之獲勝也。萬衆鼓勇突進以隨其後，乘勢破敵而役屬之。如是，此社會軍之各戰鬬員，各各有其特殊之伎倆，各出之以克敵之果。一有可乘，卽全軍逐利。如是，則社會必能獲無前之大捷，而鹵獲品則全軍共焉。——所謂一人有慶，兆民賴之；社會之謂也。

——《菲斯的人生天職論述評》

社會之福利，他人之福利，自己之福利，實三位一體，相倚而不可離。明乎此義，則知我眇眇七尺之軀，雖曰其細已甚乎；然而繼往開來，為此大宇宙中無窮歷史之一連環。所以樞紐其間者至重且大。大如是，然後吾之生為有意義，吾之生為有價值；明夫斯義，雖懦者其可以有立志矣。

——《菲斯的人生天職論述評》

忠孝節義諸德，其本質原無古今中外之可言，昔人不云乎："天下之善一也。"凡道德上之抽象名詞，若"智""仁""勇""誠""明""忠""信""篤""敬""廉""讓"，乃至若某若某；雖其涵孕之範圍廣狹全偏或有不同，然其同於為美德，則無以易。蓋事理善惡之兩面，譬則猶光明之與闇黑；討論事理者：若何而足為光明之標準焉可也；研究若何而能使光明之煥發賡續焉可也。若乃賤斥光明而尊尚闇黑，則豈惟螯理，實乃拂情。卽如"忠孝節義"四德者，原非我國所可獨專，又豈外國所能獨棄？古昔固尊為典彝，來茲亦焉能泯蔑？以忠孝節義與復古併為一談，揆諸論理，既已不辭；以厭惡復古而致疑於忠孝節義，其瞀繆又豈僅因噎廢食之比云爾！

——《復古思潮平議》

夫作法於眞，其敝猶偽；作法於偽，敝將若之何？今凡百設施，多屬創舉，既非夙習。運用倍難，苟誠心以赴，期於必成；使當事者懷靖共毋忝之心，使社會作拭目觀成之想，其庶黽勉，日起有功。今也不然：於其本所不欲之事，陰摧壞其實而陽塗飾其名。受其事者曰：此敷衍吾儕耳！吾毋甯以敷衍應之，而自愛之心與踐職義務之觀念，日趨薄弱。社會亦曰：某項事業，所以敷衍某人類耳！先懷一種輕蔑之心以對此事業，甚者從而掎之，而進行乃益以艱。及其挫跌，則撫掌稱快曰：吾固謂此種制度之不可采，今果如是也。嗚呼！凡今之所以應付各種新政者何一非爾爾耶？

——《菲斯的人生天職論述評》

凡古今中外之大哲能垂教以淑世者，其言皆有體有用。當其言用也，將使百姓與知與能；當其言體也，則常在不著不察之列。

——《孔子教義實際裨益於今日國民者何在欲昌明之其道何由》

人類物類進化者，不徒恃物質上之勢力而已，而並恃精神上之勢力。故物類之爭生存也，惟在熱度之强盛，營養之足用而已；人則不然，恆視其智識道德，以為優劣勝敗之差。人物所循天演之軌道，各自不同，蓋以此也。夫酷熱之時，使人精神昏沉，欲與天然力相爭而不可得；嚴寒之時，使人精神顛頷，與天然力相抵太劇，而更無餘力以及他。熱帶之人，得衣食太易，而不思進取；寒帶之人，得衣食太難，而不能進取。惟居溫帶者有四時之變遷，有寒暑之代謝；苟非勞力，則不足以自給，苟能勞力，亦必得其報酬。此文明之國民，所以起於北半球之大原因也。

——《地理與文明之關係》

海也者，能發人進取之雄心者也；陸居者，以懷土之故，而種種之繫累生焉。試一觀海，忽覺超然萬累之表，而行為思想，皆得無限自由。彼航海者，其所本固在利也；然求之始，却不可不先置利害於度外，以性命財產為孤注，冒萬險而一擲之。故久於海上者，能使其精神日以勇猛，日以高尚；此古來瀕海之民，所以比於陸居者活氣較勝，進取較鋭；雖同一種族，而能忽成獨立之國民也。

——《地理與文明之關係》

凡天然之景物，過於偉大者，使人生恐怖之念。想像力過敏，而理性因以減縮；其妨礙人心之發達，阻文明之進步者實多。苟天然景物，得其中和，則人類不被天然所壓服，而自信力乃生。非直不怖之，反愛其美，而為種種之試驗，思制天然力以為人利用。

——《地理與文明之關係》

當各人羣未交通之時，各因其習慣而各設記號，此是一定之理；及其既交通之後，則必當畫一之。不然，有十羣於此，則一事物有十記號；有百羣於此，則一事物有百記號。如是恐人類之腦筋，將專用之於記此記號，而猶且不給矣。然則畫一之不可以已，無待言。雖然，此羣彼羣，各尊其所習慣，將一於誰氏乎？曰是有二義：一曰强習俗以就學理。以公議比較其合於公理最簡易者而用之是也。一曰强少人以就多人。因其已行之最廣者而用之是也。既知此義，則無論何羣之人，皆不可無舍己從人之識量，夫然後可引其線以至於大同也；且亦使各羣之人，皆留其有用之腦筋，以施之它事也。

——《夏威夷遊記》

凡人處於空間，必於一身衣食住之外，而有更大之目的；其在時間，必於現在安富尊榮之外，而有更大之目的。夫如是乃能日有進步，緝熙於光明，否則凝滯而已，墮落而已；個人之么匿體如是，積個人以為國民，其拓都體亦復如是。

——《新大陸遊記節錄》

文明弱之國人物少，文明盛之國人物多。雖然，文明弱之國，人物之資格易；文明盛之國，人物之資格難。如何而後可以為真人物？必其生平言論行事，皆影響於全社會；一舉一動，一筆一舌，而全國之人皆注目焉，甚者全世界之人皆注目焉！其人未出現以前，與既出現以後，而社會之面目為之一變，若是者庶可謂之人物也已！

——《南海康先生傳》

凡真人物者，非為一世人所譽，則必為一世人所毀；非為一世人所膜拜，則必為一世人所蹴踏。何以故？或順勢而為社會導，而逆世而與社會戰；不能為社會導者，非人物也；不敢與社會戰者，非人物也！然則其戰亦有勝敗乎？曰無有。凡真人物者，必得最後之戰勝者也！是故有早歲敗而晚年勝者焉，有及身敗而身後勝者焉。大抵其先時愈久者，則其激戰也愈甚而其獲勝也愈遲。孟子曰："不知其人可乎？"是以論其世也，觀人物者不可不於此留意也。

——《南海康先生傳》

凡先時人物所最不可缺之德性有三端：一曰"理想"，二曰"熱誠"，三曰"膽氣"。三者為本，自餘則皆枝葉焉耳！先時人物者，實過渡人物也。其精神專注於前途，以故其舉動或失於急激，其方略或不適於用，常有不能諱者！

——《南海康先生傳》

凡物必有原動力以起其端：由原動力生反動力，由反動力復生其反動力；反反相衝，動動不已，而新世界成焉。

——《南海康先生傳》

天下惟庸人無咎無譽；舉天下人而惡之，斯可謂非常之奸雄矣乎？舉天下人而譽之，斯可謂非常之豪傑矣乎？雖然，天下人云者，常人居其千百，而非常人不得其一；以常人而論非常人，烏見其可？故譽滿天下，未必不為鄉愿；謗滿天下，未必不為偉人。

——《李鴻章》

天下事失敗者不必論；其成功者亦不必與其所希望之性質相緣。或過或不及，而總不離本希望之性質近是。此佛說所謂造業也。

——《中國殖民八大偉人傳》

天下事有所私利於己而為之者，雖然亦惡；何也？彼蓋以行善為一手段也。無所私利於己而為之者，雖惡亦善；何也？凡為一事必有一目的；目的非在私，則必其在公也。惡者亦善，而善者更何論焉？

——《新英國巨人克林威爾傳》

中國之地勢，為天然統一之地勢；而幅員如此其遼廓，戶口如此其衆多。其在幼稚時代，非厚集權力於中央，無以為治。故專制必與統一為緣，不得不以一强馭羣弱，勢使然也。夫使境外無復他强以與我相遇，則長此終古，保守秩序，甯不足以致小康；其奈全世界物競之大勢又不許爾爾。夫是以情見勢絀，而二千年來，遂以屈辱之歷史，播醜於天壤！

——《中國之武士道序例》

天下力量最大者，莫如時勢。欲逆時勢而行，如以卵投石，立見摧碎，如仰天自唾，徒污其面。民權者，今日全地球時勢所驅迫而起也。

——《上粤督李傅相書》

凡人之思想，莫患夫長困於本社會；苟使之入他社會而與之相習，則雖中下之材，其思想亦必一變。

——《敬告當道者》

時勢者可順而不可逆者也；苟其逆之，則愈激而愈横決耳。機會者可先而不可後者也；苟其後之，則噬臍而悔無及耳！

——《敬告當道者》

夫一生數十年間，至幻無常，無可留戀，無可寶貴，其事甚明。而我現在，有所行為，此行為者，語其現象，雖復乍起卽滅，若無所留；而其性格，常住不滅，因果相續，為我一身及我同類，將來生活，一切基礎。世界之中，有人有畜，乃至更有其他一切衆生。人類之中，有彼此國，有彼此家，有彼此族，彼此社會，所以者何？皆緣羯磨，相習相熏，組織而成。是故今日，我輩一舉一動，一言一語，一感一想，而其影響，直刻入此羯磨總體之中，永不消滅；將來我身及我同類，受其影響，而食其報。此佛說之“大概”也。

——《余之死生觀》

夫團體之為物，恆以其團體員合成之意思為意思，此通義也。故其團體員苟占國民之一小部分者，則其團體所表示之意思，卽為此一小部分國民所表示之意思。其團體苟佔國民之大多數者，則其團體所表示之意思，卽為大多數國民所表示之意思。夫如是則所謂國民意思者，乃有具體的之可尋而現於實矣！國民意思旣現於實，則必非漫然表示之而已，必且求其貫澈焉！

——《政聞社宣言書》

凡物適“於”外境界者存，不適“於”外境界者滅；一存一滅之間，學者謂之淘汰。淘汰復有二種：曰“天然淘汰”曰“人事淘汰”。天然淘汰者，以始終不適之故，為外風潮所旋擊，自澌自斃，而莫能救者也。人事淘汰者，深察我之有不適焉者，從而易之使底於適，而因以自存者也。人事淘汰，卽革之義也。外境界無時而不變，故人事淘汰無時而可停；其能早窺破於此風潮者，今日淘汰一部分焉，明目淘汰一部分焉，其進步能隨時與外境界相應。如是，則不必變革，但改革焉可矣。而不然者，蟄處于一小天地之中，不與大局相關係，時勢既奔軼絕塵，而我猶瞠乎其後。於此而甘自澌滅，則亦已耳；若不甘者，則誠不可不急起直追，務使一化今日之地位，而求可以與他人之適於天演者並立。夫我既受數千年之積痼，一切事物，無大無小，無上無下，而無不與時勢相反；於此而欲易其不適者以底于適，非從根抵處掀而翻之，廓清而辭闢之，烏乎可哉？烏乎可哉？

——《政聞社宣言書》

凡任天下大事者，不可不先破成敗之見；然欲破此見，大非易事。必知天下之事，無所謂成，無所謂敗，參透此理而篤信之，則庶幾矣。何言乎所謂成？天下進化之理，無有窮也：進一級更有一級，透一層更有一層。今之所謂文明大業者，自他日觀之，或笑為野蠻，不值一錢矣；然則所謂成者果何在乎？使吾之業能成於一國，而全世界應辦之事復無限，其不成者正多矣。使吾之業能成於一時，而將來世界應辦之事復無限，其不成者正多矣！況卽以一時一國論之，欲求所謂美滿圓好，毫無缺憾者，終不可得；其有缺憾者，卽其不成者也。蓋世界之進化無窮，故事業亦因之無窮，而人生之年命境遇聰明才力則有窮；以有窮者入於無窮者，而欲云有成萬無是處。何言乎所謂敗？天下之理，不外因果；不造因則斷不能結果，既造因則無有不結果。而其結果之遠近遲速，則因其內力與外境而生種種差別，淺見之徒，偶然未見其結果，因謂之為敗云爾；不知敗於此者，或成於彼，敗於今者或成於後，敗於我者或成於人。盡一分之心力，必有一分之補益，故惟日孜孜，但以造因為事，則他日結果之收成，必有不可量者。若怵於目前，以為敗矣敗矣，而不復辦事，則遂無成之一日而已。故辦事者立於不敗之地者也，不辦事者，立於全敗之地者也。苟通乎此二理，知無所謂成，則無希冀心；知無所謂敗，則無恐怖心。無恐佈心，然後盡吾職分之所當為，行吾良知所不能自已，奮其身以入於世界中磊磊落落，獨往獨來，大丈夫之志也！大丈夫之行也！

——《自由書·成敗》

丈夫以身任天下事，為天下耳，非為身也！但有益於天下，成之何必自我？必求自我成之，則是為身也，非為天下也。

——《自由書·成敗》

凡任天下大事者，不可無自信力。每處一事，既見得透，自信得過，則出一往無前之勇氣以赴之，經百折不回之耐力以持之。雖千山萬嶽，一時崩坼而不以為意；雖怒濤驚瀾驀然號鳴於脚下而不改其容；猛虎舞牙爪而不動；霹靂旋頂上而不驚；一世之俗論，囂囂集矢，而吾之主見如故；平生之政黨，紛紛離合，而吾之主見如故。

——《自由書·俾士麥與格蘭斯頓》

凡天下事，無論大小，必有其所由來，中國學者謂之為“所以然之故”，省而言之，謂之曰“原因”。論事者必求得其原因，然後下斷案，則斷案必不謬；治事者必針對其原因，然後施方法，則方法必有功。朱子曰：“能求所以然之故，方是第一等學問，第一等事業。”此之謂也。

——《自由書·近因遠因之說》

人苟無名譽心則已；苟有名譽心，則雖有千百難事，横於前途，以遮斷其進路，而鼓舞勇氣終必能排除之。

——《自由書·偉人訥耳遜軼事》

西儒之言曰："天下第一大罪惡，莫甚於侵人自由；而放棄己之自由者，罪亦如之。"余謂兩者比較，則放棄其自由者為罪焉，而侵人自由者乃其次也。何以言之？蓋苟天下無放棄自由之人，則必無侵人自由之人，此之所侵者，卽彼之所放棄者，非有二物也。夫物競天擇優勝劣敗，此天演學之公例也。人人各務求自存則務求勝；務求勝則務為優者；務為優者則擴充己之自由權而不知厭足；不知厭則侵人自由必矣！言自由者必曰：人人自由而以他人之自由為界。夫自由何以有界？譬之有兩人於此，各務求勝，各務為優者，各擴充己之自由權而不知厭足；其力線各向外而伸長，伸長不已，而兩線相遇，而兩力各不相下，于是界出焉。故自由之有界也自人人自由始也；苟兩人之力有一弱者，則其强者所伸張之線，必侵入於弱者之界此必至之勢，不必諱之事也如以為罪乎？則宇宙間有生之物孰不爭自存者，充己力之所能及以爭自存，可謂罪乎？夫孰使汝自安於劣，自甘於敗，不伸張力線以擴汝之界，而留此餘地以待他人之來侵也。故曰：苟無放棄自由者，則必無侵人自由者，其罪之大原，自放棄者發之，而侵者因勢利導，不得不强受之；以春秋例言之，則謂之罪首可也。

——《自由書·放棄自由之罪》

破壞主義何以可貴？曰：凡人之情，莫不戀舊；而此戀舊之性質，實阻閼進步之一大根源也。當進步之動力既發動之時，則此性質不能遏之，雖稍參用，足以調和而不致暴亂，蓋亦未嘗無小補焉。

至其未發動之時，則此性質者可以堵其原閣其機，而使之經數十年數百年不能進一步，蓋其可畏可恨至於如此也。快刀斷亂麻，一拳碎黃鶴，使百千萬億蠕蠕戀舊之徒，瞠目結舌，一旦盡喪其根據之地雖欲戀而無可戀；然後驅之以上進步之途與天下萬國馳驟于大劇場，其庶乎其可也！

——《自由書·破壞主義》

大丈夫行事磊磊落落，行吾心之所志，必求至而後已焉。若夫其方法隨時與境而變，又隨吾腦識之發達而變，百變不離其宗；但有所宗，斯變而非變矣，此乃所以磊磊落落也。

——《自由書·善變之豪傑》

凡動植物世界及人類世界，當强弱二者大相懸隔之時，則强者對於弱者之權力，自不得不强大。因强大之故，自不得不暴猛。譬之獸類，虎獅其最强者，故其於弱獸任意自由而捕食之，是獅虎之力，所以大而猛也。惟强故也，於人類亦然：昔者野蠻世界，强大之民族，對於弱小之民族，其所施之權力必大而猛；又同一民族之中，强者對於弱者，其所施之權力，必大而猛。不甯惟是，文明人民對於半開及野蠻之人民，其所施之權力，必大而猛。是無他故，皆自强弱之懸隔而生；强也弱也，是其因也，權力之大小，是其果也。其懸隔愈遠者，其權力愈大而猛，此實天演之公例也。

——《自由書·論强權》

强權有兩種：一曰大而猛者，一曰溫而良者；雖然，等之為强權也。尋常學者，驟聞强權二字，輒以為專屬於大而猛者，而不包有其溫而良者，此實誤也。猛大與溫良，視乎他力與本力相對之强弱；而本力所現之象，隨而異云爾。若木力之原質，則固非有異也。此吾所以統括猛大與溫良兩種之權力，而概名之為强權也。

——《自由書·論强權》

凡一切有機之生物，因其內界之遺傳，與外界之境遇；而其體質心性，生强弱優劣之差。此體質互異之各物，並生存於世界中，而各謀利己，卽不得不相競爭，此自然之勢也。若是者名之謂生存競爭。因競爭之故，于是彼遺傳與境遇優而强者，遂常佔勝利；劣而弱者，遂常至失敗，此亦當然之事也。若是者名之為優勝劣敗。

——《自由書·論强權》

生存競爭優勝劣敗，此强權之所由起也。生存競爭與天地而俱來，然則强權亦與天地俱來，固不待言。雖然，其發達之次序，亦有可口焉。在禽獸世界，其强權之所施，惟在此種屬與他之種屬之間而已；若其同一種屬之間，則其强權不甚發達。野蠻人亦然：當草味未開之時，同一人羣內之競爭，而出其强權者甚稀。其始惟人類對於動植物而施其强權；其繼則此羣對於彼羣而施其强權；其後乃一羣之中之各人，甲對於乙乙對於丙而有强權。蓋由人羣進步發達，而生存競爭之趨向，日漸增加，而强者之權利，乃日漸加大。於何證之？如一人羣之初立，其統治者與被治者之差別殆無有，故君主對於人民之强權，亦幾於無有；是為第一界，亦謂之據亂世。其後差別日積日顯，而其强權亦次第發。達貴族之對於平民亦然，男子之對於婦人亦然；是為第二界，亦謂之升平世。至世運愈進步，人智愈發達，而被治者與平民與婦人，昔之所謂弱者，亦漸有其强權，與昔之强者抗，而至於平等；使猛大之强權，變為溫和之强權。是謂强權發達之極則，是為第三界，亦謂之太平世。

——《自由書·論强權》

世界者何？豪傑而已矣？舍豪傑則無有世界。一國雖大，其同時並生之豪傑，不過數十人乃至數百人止矣；其餘四萬萬人，皆隨此數十人若數百人之風潮而轉移奔走趨附者也。此數十人若數百人，能合為一點則其力非常之大，莫之與敵也；若分為數點，則因其各點所占數之多寡以為成敗比例差。兩虎相鬬，必有一斃；夫一斃何足惜？而此並時而生者，只有此數十數百人，而斃其半焉，或斃其三之一也；則此世界之元氣，既已斲傷不知既許，而世界之幸福所滅既已多矣，然則求免其鬬可乎？曰是必不能。蓋生存競爭，天下萬物之公理也。既競爭則優者必勝，劣者必敗，此又有生以來不可避之公例也！夫既曰豪傑矣，則必各有其特質，各有其專長，各有其獨立自由不肯依傍門戶之氣概。夫孰肯舍己以從人者？若是夫此數十數百之豪傑，其終乎合一之時乎？其終始相鬬以共斃矣乎？信如是也，此世界之孽罪未盡刼，而黑暗之運未知所終極也。吾每一念及此，未嘗不嘔血拊心而長欷也。

——《自由書・豪傑之公腦》

合豪傑終有道乎？曰有豪傑者，服公理者也，達時勢者也。苟不服公理，不達時勢，則必不能廁身於此數十人數百人之列；有之不足多，無之不為少也。既服公理矣，達時勢矣，則公理與時勢卽為聯合諸羣之媒；雖有萬馬背馳之力，可以鐵鑠鏈之，使結不解也。是故善謀國者，必求得一目的，適合於公理與其時勢，沁之於豪傑人人之腦膜中，而皆有養養然不能自已者存。夫然後全國之豪傑，可以歸於一點，而事乃有成法。

——《自由書・豪傑之公腦》

凡力之動也，其抛線之圈，愈擴而愈大。故第一次反動力，其現象必更劇於原動力；而第二次之反動力，其現象又必更劇於原反動力，以次遞進，皆循茲軌。故見反動力之來，勿懼勿患；當知其第二次加大反動力之來，必不遠矣。

——《自由書·十九世紀之歐洲與二十世紀之中國》

人常欲語其胸中之秘密：或有欲語而語之者，或有欲勿語而語之者；雖有有心無心之差別，而要之胸中之秘密，决不長隱伏於胸中。不顯於口，則顯於舉動；不顯於舉動，則顯於容貌。《記》曰："夫微之顯，誠之不可揜如此乎？"吁！可畏哉！蓋人有四肢五官，皆所以顯人心中之秘密，即肢官者，人心之間諜也，告白也，招牌也。其額蹙蹙，其容頳頳者，雖强為歡笑，吾知其有憂。其笑在渦，其軒在眉者雖口說無聊，吾知其有樂。蓋其胸中之秘密，有欲自抑而不能抑，直透出此等之機關以表白於大庭廣衆者。述懷何必三寸之舌？寫情何必七寸之管？乃至眼之一閃，顏之一動，手之一觸，體之一運，無一而非導隱念述幽懷之絕大文章也。

——《自由書·煙士披里純（Inspiration）》

西儒哈彌爾頓曰："世界莫大於人，人莫大於心。"諒哉言乎而此心又有突如其來，莫之為而為，莫之致而至者；若是者我自忘其我，無以名之，名之曰"煙士披里純"（Inspiration）。"煙士披里純"者，發於思想感情最高潮之一刹那頃，而千古之英雄豪傑孝子烈婦忠臣義士，以至熱心之宗教家美術家探險家，所以能為驚天地泣鬼神之事業，皆起於此一刹那頃，為此"煙士披里純"之所鼓動。故一刹那間，不識不知之所成就，有遠過於數十年矜心作意以為之者。

——《自由書·煙士披里純（Inspiration）》

悔之發生力有二途：一曰自內，二曰自外。自內發者，非有大智慧不能，否則如西語所謂"煙士披里純"，有神力以為之助也。自外生者，或讀書而感動焉，或閱事而感動焉，或聽哲人之說法而感動焉，或聞朋友之規諫而感動焉。要之，當其悔也，怛皇然凛然，有今是昨非之想；往往中夜瞿省，汗流浹背，自覺其全者所為，不可以立於天地。所謂一念之間，間不容髮；非獨大賢豪傑有之，卽尋常人亦莫不有焉，特視其既悔之後，結果何如耳！

——《自由書·說悔》

凡言悔者，必曰悔悟，又曰悔改；蓋不悟則其悔不生，不改則其悔不成。《易》曰："不遠復，無祇悔，元吉。"孔子繫之辭曰："顏氏之子，其殆庶幾乎？有不善未嘗不知，知之未嘗復行也。是故非生其悔之難而成其悔之難！"曾文正公曰："從前種種，譬猶昨日死；從後種種，譬猶今日生。"故眞能得力於悔字訣者，常如以一新造之人，立於世界；《大學》所謂日日新者耶？一人如是，則一身進步，國民如是，則一國進步。

——《自由書·說悔》

凡人之行事，善不善，合於公理不合於公理，彼各人之良心，常自告語之，非可以假借者也！是故昔不知其為善而棄之，昔不知其為悉[1]而蹈之；或雖知之，而偶不及檢，遂從而棄之蹈之。及其既悟也，既悔也，則幡然自新焉，是之謂君子之悔。若乃既已明知之矣。躬行之矣，而牽於薄俗，怵於利害，溺於私欲，忽然棄去，艾已尤人，是之謂小人之悔。君子之悔，其既悔既改也，常泰然若釋重負，神明安恬；小人之悔，其既悔既改也，常靦然若背有芒；夜夜忐忑。君子之悔，一悔而不復再悔；小人之悔，且又將有大悔之在其後也。然則眞能悔者，必眞能不退轉者也。何也？悔也者，進步之謂也，非退步之謂也。

——《自由書·說悔》

人也者，好羣之動物也。近自所親，遠及所未見，相交互而成

[1] "悉"，當為"惡"。——編者註

世界。雖然，日處於城市雜遝之地，受外界之刺激熏染，常不復自識我之為我。故時或獨處靜觀，遁世絕俗，然後我相始可得見。顧所謂遁世絕俗者，其種類亦有數端：一則旁觀派者流，偽為堅僻詭異之行，立於世外，玩世嘲俗，以為韻事佳話。所謂俗中笑俗，毫無取焉。次則以熱心之極，生一種反動力。抱非常之才覩一世之瞶瞶，不忍揚波餟醨，乃甘與世絕。不以泯泯污察察，不以麒驥任駑駘；此三閭大夫之徒也，君子哀之，且深敬之。亦有性本恬淡，獨稟清淑，不樂與人間世交涉，而放浪形骸之外者，古今高流之詩人，往往有之。如李白之詩，所謂“問余何事栖碧山，笑而不答心自閑；桃花流水沓然去，別有天地非人間”。其天才識想，自相高出於凡俗者；但此等人於世界無甚關繫，吾甚愛之，不願學之。

——《自由書·世界外之世界》

尋常人能入世界而不能出；高流者能出世界而不能入；最高流者，既入之，復出之，既出之，復入之卽出卽入，非出非入，敻哉尚乎！望之似易，行之甚難；雖不可强而致，顧不可不學而勉。無論如何尋常之人，日為尋常界所困，如醉如夢；及其偶遇一人獨居，更無他事之時，時或有翛然灑然，與天地為伴侶，而生不可思議之思想者。

——《自由書·世界外之世界》

何以故？清明在躬，則志氣如神；天下固未有昏濁瞀亂之腦質，而可以決大計立大業者。而凡大人物大豪傑，其所負荷之事愈多愈重，則其與社會交接也愈雜愈繁。非常有一世界外之世界，以養其神明，久而久之，將為尋常人所染，而漸與之同化。卽不爾，而腦髓亦炙涸，而智慧亦不得不倒退。故欲學為大人物者，在一生中，不可不無數年住世界外之世界；在一年中，不可無數月住世界外之世界；在一日中，不可無數刻住世界外之世界。嗚呼！風雨如晦，鷄鳴不已，雖不能至，心嚮往之。

——《自由書·世界外之世界》

希望者，靈魂之糧也，而希望常與失望相乘。失望者，希望之魔也。

——《自由書·希望與失望》

今日我國民全陷落於失望時代：希望政府，政府失望；希望疆吏，疆吏失望；希望民黨，民黨失望；希望漸進，漸進失望；希望暴動，暴動失望；希望自力，自力失望；希望他力，他力失望。愛國之士，溢其熱血，絞其腦漿，於彼乎，於此乎，皇皇求索者有年，而無一路之可通。而心血為之倒行，而腦筋為之瞀亂。今日青年界中多少連犿俶詭之現象，其起因殆皆在失望。

——《自由書·希望與失望》

失望之惡果有二：其希望而不甚誠者，及其失望也，則退轉。其希望而甚誠者，及其失望也，則發狂。今之志士，由前之説者十而七，由後之説者十而三。

——《自由書·希望與失望》

一私人有自殺，一國民亦有自殺。何謂國民之自殺？明知其道之足以亡國，而必欲由之是也。夫人苟非有愛國心，則胡不飽食而嬉焉？而何必日以國事與我腦相縈？故凡自殺之國民，必其愛國之度，達於極點者也。既愛之則曷為殺之？彼私人之自殺者，固未有不愛其身者；惟所愛之目的不得達，故發憤而殉之。痛哉自殺！苦哉自殺！

——《自由書·國民之自殺》

天下無必成之事，而有必敗之事。治事者量其事之必成而後為之，則終無一事之可治也！若量其事之必敗而故為之，則治事亦更何取也？孔子曰："必也臨車而懼，好謀而成。"嗚呼！閱歷稍久之後，其必有感於斯言矣！吾昔持無成無敗之理想，以謂造一因必有一果，而其結果之遠近遲速，非淺見者所得論定。由今思之，吾為一事而誠能造出一因，以冀百數十年以後若數千里以外之結果者，則固謂之成，不謂之敗焉矣！而天下事固有糜多少之日力，絞多少之腦漿，及其一敗塗地，乃知煙消雲散，渺然無復微痕薄跡之可尋，問於將來世界有絲毫影響乎？共事一二人，和血吞而已，而他更何有也？傷哉失敗！

——《自由書·成敗》

辦事者有成有敗者也，而不辦事者則全敗者也！知成敗之義者，其必知所擇矣！惟當其辦事也，雖不能要以必成，而必盡其智力所及以期於可成；雖不能保其不敗，而必謀定後動而毋或立於必敗。此豈徒為達救世之目的而已？抑亦自養其氣勿使夭絕之一法門也！

——《自由書·成敗》

夫道有陰陽，言非一端，而義之至者，恆存乎執中。常人之持論也，多有所為；有所為則有所蔽；有所蔽，則雖至明者不能自見其睫。而常人之聽言者，率皆非能深入乎事理之中而察其是非也。而識足以佐其斷者，益萬不得一。以故俗論最為世所悅，而眞理久湮晦，孔子所以惡似而非者也。

——《外債平議》

智而强者常趨而進於優，愚而弱者常退而卽於劣。故自存者必以求智求强為第一義。等是人也，何以此智而彼愚，此强而彼弱？合衆人之職見以為職見則必智，反是則愚；合衆人之力量以為力量則必强，反是則弱。故合羣者，戰勝之左券也。

——《論商業會議所之益》

天下事理，有得必有失；然所得卽寓於所失之中，所失卽在所得之內。天下人物，有長必有短；然長處恆與短處相緣，短處亦與長處相麗。苟徒見其所得焉所長焉而偏用之，及其缺點之發現，則有不勝其敝者矣。苟徒見其所失焉所短焉而偏廢之，則去其失去其短，而所得所長亦無由見矣。論學論事論人者，皆不可不於此深留意焉。

——《論宗教家與哲學家之長短得失》

人之天職，本平等也。然被社會之推祟❶愈高，則其天職亦愈高；受國民之期望愈重者，則其天職亦愈重。是報施之道應然，不得以尋常人為比例而自諉者也。

——《敬告留學生諸君》

人之性質各不同，人之境遇各不同：我之所能，他人未必能；我之所宜，他人未必宜。而凡一團體之所以有力，必恃其中種種色色之人，莫不皆有各盡其才，各極其用；所謂同歸而殊途，一致而百慮，善之大者也。但求同歸，但求一致，不必以途之殊慮之百為病也。

——《敬告留學生諸君》

夫不平等者，人間世必然之現象也。雖無强制的組織，而其不平等之各分子，卒未嘗滅；以不平等之現象為由强制而來，是倒果為因也。社會之有强制的組織，其性質原所以干涉社會中諸種不平等之關係；但其干涉也，時或以“人為淘汰”之作用，助長其不平

❶ “推祟”，當為“推崇”。——編者註

等者，使益趨於不平等。雖未始無之，要其普通所行，則多以調和不平等而使之漸趨於平等，有斷然也。今羣多數之個人以立於社會，使無所謂强制的組織以臨其上，則其間弱者之境遇，必更有不忍言者。何也？彼强者很伸其權力於無限，而强者遂無術以自存也。故夫有强制的組織，則個人之自由，雖不得不視前此而較狹；而在此狹範圍內，能藉强制之保障，使其自由之程度，視前此反更確實，利害正相低也。所謂以强制調和競爭者此也。

——《開明專制論》

凡屬人類，皆有感情與辨理心之兩者，我國民亦何獨不然。若從感情方面而煽動之，以壓倒其辨理心，則雖舉國人而皆趨於種族革命一途可也；若從辨理心方面而濬發之以節制其感情，則雖舉國人而皆趨於政治革命一途亦可也。而一國中其有中流以上之學識，而以言責自任者，則於此樞機之轉捩，皆與有力焉。質言之：則自認以指導社會為天職者，卽其對於指導方針之或得宜或失宜，而不可不負其責者也。更質言之：則一國之或興或亡，此輩皆當科其功罪者也。

——《答某報第四號對於本報之政論》

人之在世也，有私的生活與公的生活。一生之利害，則由私的生活而生其觀念者也。一種族之利害，一國家之利害，則皆由公的生活而生其觀念者也。惟淺識者流，知有私的生活，而不知有公的生活；故常不肯以一身之利害，徇一種族一國家之利害。若其人而能知置重於一種族之利害之觀念，與一國家利害之觀念，則同屬於公的生活之範圍中者也。

——《雜答某報》

凡人類之心理，其驟接一理也，初念時所見最眞；蓋卽此所謂良知也。及一轉念時，私欲蔽之，往往得反對之判斷。以後轉念復轉念，皆此兩念交戰，萬起萬落，如循環焉。而逮於究竟，能依其初念而行者，則為光明磊落之夫；卒依轉念而行者，則為齷齪卑劣之子。

——《申論種族革命與政治革命之得失》

國之亂也，不必其敵軍壓境侯騎烽火相屬於路，民騷然相驚避也；不必其羣雄割據，天下鼎沸，相糜爛而戰也；不必其羣盜滿山，椎埋剽掠，率土之良不得安枕也。但使人人有不慊於其上不安於其職之心，則社會之秩序遂破，而亂象遂不可以收拾。民之為道也：才智相什，則卑下之；伯❶則畏懼之；千則役；萬則僕；自然之符也。故在治世，其為十人長者，必其有長於十人者也；為百人長者；必其有以長於百人者也；為千萬億兆人長者，必其有以長於千萬億兆人者也。夫必有以長於人然後長人，則居人上而不以為泰；人有所長於我然後長我，則為之下而不敢怨；社會之所以能大小相維，各率其職者，胥恃此也。

——《僥倖與秩序》

夫命與運常在不可知之數者也！彼命運能如是，安知吾命運不能如是？于是人人生非分之求，此徼倖心所由生也。吾先哲有言：“自求多福，在我而已。”西哲亦言：“人恆立於其所欲立之地。”此最鞭辟近理之言也。若夫迷信命運者則異是：以謂命運常能制我而非我所得自為也。于是乎委心以聽諸制我者，則倚賴根性所由生也。倚賴人則常畏人；畏人則惟勢利是視，而所以諂瀆者無所不用其極，此寡廉鮮恥之風所由生也。

---

❶ “伯”，疑為“百”。——編者註

——《僥倖與秩序》

現象者何？事物之變化也。宇宙間之現象有二種：一曰為循環之狀者；二曰為進化之狀者。何謂循環？其進化有一定之時；期及期則周而復始，如四時之變遷，天體之運行是也。何謂進化？其變化有一定之次序，生長焉發達焉，如生物界及人間世之現象是也。循環者去而復來者也，止而不進者也；凡學問之屬於此類者，謂之天然學。進化者，往而不反者也，進而無極者也；凡學問之屬於此類者，謂之歷史學。天下萬事萬物，皆在空間，又在時間；而天然界與歷史界實分占兩者之範圍：天然學者，研究空間之現象者也；歷史學者，研究時間之現象者也。

——《新史學》

夫人類亦不過一種之動物耳，其一生一死，固不免於循環；即其日用飲食言論行事，亦不過大略相等，而無進化之可言。故欲求進化之跡，必於人羣，使人人析而獨立，則進化終不可期而歷史終不可起。蓋人類進化云者，一羣之進也，非一人之進也。

——《新史學》

有歷史的人種，有非歷史的人種；等是人種也。而歷史的非歷史的何以分焉？曰：能自結者為歷史的，不能自結者為非歷史的。何以故？能自結者則排人；不能自結者則排於人。排人者則能擴張本種以侵蝕他種，駸駸焉襲斷世界歷史之舞台；排於人者，則本種日以陵夷衰微，非惟不能擴張於外，而且澌滅於內，尋至失其歷史上本有之地位，而舞台為他人所占，故夫敘述數千年來各種族盛衰興亡之跡者，是歷史之性質也；敘述數千年來各種族所以盛衰興亡之故者，是歷史之精神也。

——《新史學》

歷史者何，敘人種之發達與其競爭而已。舍人種則無歷史，何以故？歷史生於人羣，而人之所以能羣，必其於內焉有所結，於外焉有所排，是即種界之所由起也。故始焉自結其家族以排他家族，繼焉自結其鄉族以排他鄉族，繼焉自結其部族以徘❶他部族，終焉自結其國族以排他國族。此實數千年世界歷史經過之階級，而今日則國族相結相排之時代也。夫羣與羣之互有所排也，非大同太平之象也。而無如排於外者不劇，則結於內者不牢；結於內者不牢，則其羣終不可得合，而不能占一名譽之位置於歷史上。以故世界日益進步，而種族之論，亦日益昌明。嗚呼！後乎此者，其有種界盡破萬國大同之郅治乎？吾不敢知。若在今日，則雖謂人種問題為全世界獨一無二之問題，非過言也。

——《新史學》

老年人常思既往，少年人常思將來。惟思既往也，故生留戀之心；惟思將來也，故生希望之心。惟留戀也故保守；惟希望也，故進取。惟保守故永舊，惟進取也故日新。惟思既往也，事事皆其所已經者，故惟知照例；惟思將來也，事事皆其所未經者，故常敢破格。老年人常多憂慮，少年人常好行樂；惟多憂也故灰心，惟行樂也故盛意。惟灰心也故怯懦，惟盛氣也故豪壯，惟怯懦也，故苟且；惟豪壯也故冒險。惟苟且也故能滅世界，惟冒險也故能造世界。老年人常厭事，少年人常喜事。惟厭事也，故常覺一切事無可為者；惟好事也，故常覺一切事無不可為者。

——《少年中國說》

獨立有二義：一曰有自力而不倚賴他力；一曰有主權而不服從

❶ “徘”，當為“排”。——編者註

他權。然倚賴為因，服從為果。孩稚仰保姆之哺抱，故受其指揮，奴隸恃主人之豢養，故服其命令；孩稚奴隸二者皆未具人格者也。若夫完具人格之人，則不倚賴他人而可以自立，自不肯服從他人而可以自由；苟或侵辱其主權，則必奮起抗爭，雖至糜首粉身，必不肯損辱絲毫之權利，以屈服於他人主權之下。此人道之所以尊貴，而國權之所由張盛也。

——《論中國國民之品格》

人者動物之能羣者也。置身物競之場，獨力必不足以自立，則必互相提攜，互相防衛，互相救恤，互相聯合。分勞協力，聯為團體以保治安。然團體之公益，與個人之私利，時相枘鑿而不可得兼也，則不可不犧牲個人之私利，以保持團體之公益。然無法律以制裁之，無刑罰以軀迫之，惟持此公德之心以維持此羣治。故公德盛者，其羣必盛；公德衰者，其羣必衰。公德者，誠人類生存之基本哉！

——《論中國國民之品格》

過渡有廣狹二義，就廣義言之，則人間世無時無地而非過渡時代。人羣進化，級級相嬗；譬如水流，前波後波，相繼不斷。故進步無止境，即過渡無已時；一日不過渡，則人類或幾乎息矣！就狹義言之，則一羣之中，常有停頓與過渡之二時代，互起互伏，波波相續體，是為過渡相，各波具足體，是為停頓相。於停頓時代而膨脹力之現象顯焉；於過渡時代，而發生力之現象顯焉。

——《過渡時代論》

過渡時代者，希望之湧泉也，人間世所最難遇而可貴者。也有進步則有過渡，無過渡亦無進步。其在過渡以前，止於此岸，動機未發，其永靜性何時始改，所難料也。其在過渡以後，達於彼岸，躊躇滿志，其餘勇可賈與否，亦難料也。

——《過渡時代論》

過渡者，改進之意義也。凡革新者，不能保持其舊形，猶進步者，必當擲棄其故步。欲上高樓，先離平地；欲適異國，先去故鄉，此事勢之最易明者也。雖然，保守戀舊者，人之恆心也；《傳》曰："凡民可以樂成，難與圖始。"故欲開一堂堂過渡之局面，其事眞是不易。蓋凡過渡之利益，為將來耳；然當過去已去將來未來之際，最為人生狼狽不堪之境遇。譬有千年老屋，非更新之，不可復居，然欲更新之，不可不先權棄其舊者。常舊者已破新者未成之頃，往往瓦礫狼籍，器物播散；其現象之蒼涼，有十倍於從前焉。尋常人觀目前之小害，不察後此之大利，或出死力以尼其進行，即一二稍有識者，或膽力不足，長慮卻顧，而不敢輕於一發。此前古各國所以進步少而退步多也！

——《過渡時代論》

凡國民所貴乎過渡者，不徒在能去所厭離之舊界而已，而更在能達所希望之新界焉。故冒萬險忍萬辱而不辭，為其將來所得之幸福，足以相償而有餘也。故倡率國民以就此途者苟不為之，擇一最良最令宜之歸宿地，則其負國民也實甚。世界之政體有多途，國民之所宜亦有多途。天下事固有於理論上不可不行，而事實上萬不可行者；亦有在他時他地可得極良之結果，而在此時此地反招不良之結果者。

——《過渡時代論》

天下之可恃者"我"耳！我有腦筋而自能思想，我有手足而自能運動操縱進退，皆一己自有主權。放棄其主權而不用，而乃望援求助於他人；我而不能自助，而謂他人乃能助我邪？且他人即能助我，則固他為主動而我為被動矣！成則他人之功，敗亦他人之責；我乃被牽之傀儡，目蝦之水母，傀然為他人一附屬物，是世界中不啻無我之一人。無我一人，何足輕重；然使他人而亦復如我，則國事亦復何望耶？

——《論獨立》

服從者，天下最惡之名詞，而為國民必不可有之性質者也。服從者，亦天下最美之名詞，而為國民必不可缺之性質者也。

——《服從釋義》

夫眞愛自由者，未有不眞能服從者也。人者周非可孤立生存於世界也，必有羣然後人格始能立，亦必有法然後羣治始能完。而法者，非得羣內人人之服從，則其法終虛懸而無實效。惟必人人尊奉其法，人人尊重其羣，各割其私人一部分之自由，貢獻於團體之中，以為全體自由之保障。然後團體之自由始張，然後個人之自由始固。然則服從者自由之母；眞愛自由者，固未有不眞能服從者也。

——《服從釋疑》

欲維持國家之秩序，必以服從法律為第一義；欲保護個人之自由，亦必以服從法律為第一義。蓋法律者所以畫自由之界限，裁抑强者之專橫，卽伸張弱者之權利。務使人人皆立于平等，不令一人屈服於他人者也。然法律者，紙上之空文，必得衆人之服從，然後始生效力。文明之人，知我有服從法律之義務也，則莫不强自制裁，置其身於規律之內，乃至一舉一動，一言一事，皆若有監督而命令之者，懍懍然不敢少越其範。圍自其表面觀之，則其尺步繩趨，以視野蠻人之汗漫恣睢，豈不反增束縛者？然而文明之人，終不以彼易此者，蓋深知法律者人羣之保障，故甯絀其一部之自由，以護其全體之自由也。

——《服從釋疑》

人能自拔於腐敗風氣之外，毅然思所以易之，則其人必傑出於常人者也！其人既傑出於常人，則必有馳驟縱橫不可羈勒之雄心，必有天上地下惟我獨尊之盛氣。必不肯依傍門戶，拘規守律，屈已見而就人範圍。然所貴乎豪傑者，非謂其有桀驁驍騺之才，足以推倒他人，巋然獨雄於羣上也；固謂其能謀團體之幸福，以一羣之公益為自的也！

——《服從釋疑》

人之欲自立也，則具備常識，其最要矣。為國民之一分子，而於國中必需之常識不能具備，則無以自存於其國。為世界人類一分子，而於世界上必需之常識不能具備，則無以自存于世界。若此者，有劣敗以歸於淘汰已耳！蓋今日所謂常識者，大率皆由中外古今無數偉人哲士幾經研究，幾經閱歷，幾經失敗，乃始發明此至簡易、至確實之原理、原則，以貽我後人率而循之，雖不中不遠也。而吾既於各種現象。皆略識其最要之原理原則，則思慮通達，目光四射，後此隨時隨地，遇有新發生之現象，或相同者，或相反者，或相近似者，皆得有所憑藉以下判斷。而所判斷者不至大誤，此常識之用也。

——《說常識》

思想者，事實之母也。欲建造何等之事實，必先養成何等之思想。

——《國家思想變遷異同論》

人非羣則不能使內界發達，人非羣則不能與外界競爭。故一面為獨立自營之個人，一面為通力合作之羣體，此天演之公例，不得不然者也。既為羣矣，則一羣之務，不可不共任其責固也！

——《論政府與人民之權限》

幸福生於權利，權利生於智慧。故詩曰：“自求多福”。幸福者，必自求之而自得之，非他人之所得而畀也。一羣之人，其有智慧者少數，則其享幸福者少數；其有智慧者多數，則其享幸福者多數；其有智慧者最大多數，則其享幸福者亦最大多數。其比例殆有一定，而絲毫不能差忒者。

——《政治學學理摭言》

天下事責任所在，卽權力所在也。欲保持權力，其行莫妙於多負責任；凡放棄其固有之責任者，實則將其固有之權力退讓與人已耳！

——《憲政淺說》

凡人類皆自有其意思焉，自有其行為焉。自然人有然，法人亦有然。顧自然人之意思行為，自發表而自執行之，其事至易；法人之意思行為，因其無生理上之性質也，故不能自發表自執行，而不得不假諸機關。

——《中國國會制度私議》

物競天擇一語，今世稍有新智識者，類能言之矣。曰“優勝劣敗”，曰“適者生存”，此其事似屬於自然，謂為命之範圍可也。雖然，若何而自勉為優者適者，以求免於劣敗淘汰之數，此則純其力之範圍，於命絲毫無與者也。

——《子墨子學說》

盧梭曰：保持己之自由權，是人生一大責任也。凡號稱為人則不可不盡此責任。蓋自由權之為物，非僅如鎧胄之屬，藉以蔽身，可以任意自披之而自脫之也。若脫自由權而棄之，則是我棄我而不自有云爾。何也？自由者，凡百權理之本也，凡百責任之原也；責任固不可棄，權利亦不可損，而況其本原之自由權哉？

——《盧梭學案》

凡遇物皆疑之，而其中必有不容疑之一物存，曰我相是也。當其懷疑也，而心口相商曰："我疑之。"疑之者誰？我也。知我之疑者誰？亦我也。疑也者，思想之一端也；我自知我之思想，而當我思想之之時，即我自知我思想之時。我與思想為一體，此天下之最可信憑而為萬理鵠者也。

——《近世文明初祖二大學家》

夫所謂適者生存，非徒其本體之生存而已，必以己之所以優所以勝之智若力，傳之於其子，子又傳諸其孫；如是久而久之，其所特有之奇材異能，益為他物之所不能及。於是其當初偶然所得之能力，遂變而為一定之材性，馴致別為一種族而後已焉。此種之變遷所由起也。

——《天演學初祖達爾文之學說及其略傳》

自然淘汰者，謂生物雖恃其繁殖力，可以生存；然以其所產太多之故，不得不競爭。競爭之結果，於是大部分歸於滅亡，而生存者不過一小部分。當其競爭之際，各生物皆有自變化之能力；其變化雖小，而一以適於境遇為主。於是優而適者獨存，遺其種於後，一切生物，依此公例。經無量世無量劫，以至今日，其間所經過之境遇，至複至雜。故其身體之組織，心智之機能，亦隨之以日趨複雜。一言蔽之，則一切生物，皆常受外界之牽動，而屢變其現在之形態而已！

——《進化論革命者頡德之學說》

自然淘汰既以未來為目的故，生物既全為未來而存立故，故凡為未來而多所貢献者，高等生物也；反是者下等也，代未來而多負責任者，高等生物也；反是者下等也，故勤勞於為未來者，則為優為勝；怠逸於為未來者，則為劣為敗，不見夫動物乎？最下等者，產卵則放任之不復顧，故其卵及其幼兒之大多數，皆常滅亡。稍進至鳥類，則孵化其卵而復養育之；更進至哺乳動物，則養育其兒之勞愈多，而在生物界愈占高等之位置。——物既有之人亦宜然。

——《進化論革命者頡德之學說》

視聽考察兩作用，能整理事物之紛擾，定其次序，使之由複雜以漸入於單純；雖然，猶未能齊萬而為一，置之於最高最簡之域也。于是吾人之智慧，更有一高尚之作用，名之曰推想力。以是力故，故我智慧能舉一切而統屬之於其本原。

——《近世第一大哲康德之學說》

夫吾之不進，而其自退固已不能免矣！況吾日退而有他人之進焉者抵其隙而入之；而彼之相進相迫者，又出於其自保之勢所不得不然。進也無窮，迫也無窮；則其過此以往，日蹙之率，又豈待巧算而決耶？夫蹙之云者，不徒在生計而已；所以資生者日蹙，則其生自不得不蹙。

——《生計學學說沿革小史》

新民云者，非欲吾民畢棄其舊以從人也。新之義有二：一曰淬厲其所本有而新之；二曰採補其所本無而新之。二者缺一，時乃無功。先哲之立教也，不外因材而篤與變化氣質之兩途：斯卽吾淬厲所固有採補所本無之說也。一人如是，衆民亦然。

——《新民說》

世界上萬事之現象，不外兩大主義：一曰保守，二曰進取。人之運用此二主義者，或偏取甲，或偏取乙，或兩者並起而相衝突，或兩者並存而相調和偏取其一，未有能立者也！有衝突必有調和；衝突者，調和之先驅也！

——《新民說》

公德者何？人羣之所以為羣，國家之所以為國，賴此德焉以成立者也！人也者，善羣之動物也；人而不羣，禽獸奚擇？而非徒空言高論曰羣之羣之，而遂能有功者也！必有一物質而聯絡之，然後羣之實乃舉。若此者謂之公德。

——《新民說》

道德之本體一而已；但其發表於外，則公私之名立焉。人人獨善其身者謂之私德，人人相善其羣者謂之公德；二者皆人生所不可缺之具也！無私德則不能立，合無量數卑汚虛偽殘忍愚懦之人，無以為國也。無公德則不能團，雖有無量數束身自好廉謹良愿之人，仍無以為國也。

——《新民說》

今夫人之生息於一羣也，安享其本羣之權利，卽有當盡於其本羣之義務；苟不爾者，則直為羣之蠹而已。彼持束身寡過主義者，以為吾雖無益於羣，亦無害於羣；庸詎之無益之卽為害乎？何則？羣有以益我，而我無以益羣，是我逋羣之負而不償也！夫一私人與他私人交涉，而逋其所應償之負，於私德必為罪矣，謂其害之將及於他人也，而逋羣負者，乃反得冒善人之名何也？使一羣之人，皆相率而逋焉，彼一羣之血本，能有幾何？而此無窮之債客，日夜蠹蝕之而瓜分之，有消耗無增補何可長也！然則其羣必為逋負者所拽倒，與私人之受累者同一結果，此理勢之所必然也。

——《新民說》

道德之立，所以利羣也。故因其羣文野之差等，而其所適宜之道德，亦往往不同；而要之以能固其羣善其羣進其羣者為歸。

——《新民說》

公德者，諸德之源也。有益於羣者為善，無益於羣者為惡：此理放諸四海而皆準，俟諸百世而不惑者也。至其道德之外形，則隨其羣之進步以為比例差。羣之文野不同，則其所以為利益者不同，而其所以為道德者亦自不同；德也者，非一成而不變者也！

——《新民說》

夫競爭者，文明之母也！競爭一日停，則文明之進步立止。由一人之競爭而為一家，由一家而為一鄉族，由一鄉族而為一國。一國者，團體之最大圈，而競爭之最高潮也！若曰並國界而破之，無論其事之不可成；即成矣，而競爭絕，毋乃文明亦與之俱絕乎？況人之性非能終無競爭者也！

——《新民說》

凡人生莫不有兩世界：其在空間者曰“實跡界”，曰“理想界”；其在時間者曰“現在界”，曰“未來界”。實跡與現在，實於行為理想與未來，屬於希望。而現在所行之實跡，即為前此所懷理想之發表；而現在所懷之理想，又為將來所行實跡之券符。然則實跡者，理想之子孫；未來者，現在之父母也！故人類所以勝於禽獸，文明人所以勝於野蠻，惟有希望故，有理想故，有未來故。

——《新民說》

人人對於人而有當盡之責任，人人對於我而有當盡之責任。對人而不盡責任者，謂之間接以害羣；對我而不盡責任者，謂之直接以害羣。何也？對人而不盡責任，譬之則殺人也；對我而不盡責任，譬之則自殺也。一人自殺，則羣中少一人；舉一羣之人而皆自殺，則不啻其羣之自殺也。

——《新民說》

我對我之責任奈何？天生物而賦之以自捍自保之良能，此有血氣者之公例也。而人之所以貴於萬物者，則以其不徒有形而下之生存，而更有形而上之生存。形而上之生存，其條件不一端，而權利其最要也！故禽獸以保生命為對我獨一無二之責任；而號稱人類者，則以保生命保權利兩者相倚，然後此責任乃完；苟不爾者，則忽喪其所以為人之資格，而與禽獸立於同等之地位。

——《新民說》

權利何自生？曰生於强。彼獅虎之對於羣獸也，酋長國王之對百姓也，貴族之對平民也，男子之對女子也，大羣之對於小羣也，雄國之對於孱國也，皆常占優等絕對之權利。非獅虎酋長等之暴惡也，人人欲伸張己之權利而無所厭，天然性也。是故權利之為物，必有甲焉先放棄之，然後乙焉能侵入之；人人務自强以自保吾權，此實固其羣善其羣之不二法門也。

——《新民說》

大抵中國善言仁，泰西善言義。仁者人也，我利人，人亦利我，是所重者常在人也。義者我也，我不害人，而亦不許人之害我，是所重者常在我也。此二德果孰為至乎？在千萬年後，大同太平之世界，吾不敢言；若在今日，則義也者，誠救時之至德要道哉。夫出吾仁以仁人者，雖非侵人自由，而待仁於人者，則是放棄自由也。仁焉者多，則待仁於於人者亦必多，其弊可以使人格日趨於卑下。若是乎仁政者，非政體之至焉者也。

——《新民說》

自由之界說曰：人人自由，而以不侵人之自由為界。夫既不許侵人自由，則其不自由亦甚矣，而顧謂此為自由之極則者何也？自由云者，團體之自由，非個人之自由也！野蠻時代，個人之自由勝，而團體之自由亡；文明時代，團體之自由强，而個人之自由滅：

斯二者蓋有一定之比例，而分毫不容忒者焉。使其以個人之自由為自由也，則天下享自由之福者，宜莫今日之中國人若也。

——《新民說》

人以一身立於物競界，凡境遇之圍繞吾旁者，皆日夜與吾相為鬥而未嘗息者也。故戰境遇而勝之者則立，不戰而為境遇所壓者則亡；若是者亦名曰天行之奴隸。天行之虐，逞於一羣者有然，逞於一人者亦有然。

——《新民說》

凡有過人之才者，必有過人之欲。有過人之才，有過人之欲，而無過人之道德心以自主之，則其才正為其欲之奴隸，曾幾何時，而銷磨盡矣！

——《新民說》

天生人而賦之以權利，且賦之以擴充此權利之智識，保護此權利之能力；故聽民之自由焉，自治焉，則羣治必蒸蒸日上。有桎梏之戕賊之者，始焉窒其生機，繼焉失其本性，而人道乃幾乎息矣。

——《新民說》

凡自尊者，必自任。一羣之人芸芸也，而於其中有獨為羣內之所崇拜者，此必非可以力爭而術取也，必其所負於本羣之責獨重，而其任之也獨勞，則衆人之所以酬之者，自不期然而然莫之致而至。其自任也，非欲人之尊我而以此為釣也，彼實自認其天職之不可以不盡；苟不爾者，則為自貶，為自污，為自棄，為道義上之自鬻，為精神上之自戕，是故逾自尊者逾自任，逾自任者逾自尊。

——《新民說》

凡人之所以不得不羣者，以一身之所需求所欲望，非獨力所能給也！以一身之所苦痛所急難，非獨力所能捍也。于是乎必相引相倚，然後可以自存，若此者謂之公共觀念。公共觀念者，不學而知，不慮而能者也；而天演界之優劣，即視此觀念之强弱以為差。

——《新民說》

公觀念與私觀念，常不能無矛盾；而私益之小者近者，往往為公益之大者遠者之蝨賊也！故眞有公共觀念者，常不惜犧牲其私益之一部分，以擁護公益；其甚者或乃犧牲其現在私益之全部分，以擁護未來公益。非拂性也，蓋深知夫處此物競天擇界，欲以人治勝天行，舍此術末由也！

——《新民說》

凡羣之成，必以對待。苟對於外而無競爭，則羣之精神與形式皆無所著；此人類之常情，無所容諱者也。故羣也者，實以為我兼愛之兩異性，相和合而結構；有我見而自私焉，非必羣之害也。雖然，一人與一人交涉，則內吾身而外他人，是之謂一身之我。此羣與彼羣交涉，則內吾羣而外他羣，是之謂一羣之我。同是我也，而有大我小我之別焉。有我則必有我之友與我之敵。既曰羣矣，則羣中皆吾友也。故善為羣者，既認有一羣外之公敵，則必不認有一羣內之私敵。

——《新民說》

人治者常與天行相搏，為不斷之競爭者也。天行之為物，往往與人類期望相背，故其反抗力至大且劇；而人類向上進步之美性，又必非可以現在之地位而自安也。于是乎人之一生，如以數十年行舟於逆水中，無一日而可以息；又不徒一人為然也，大而至於一民族，更大而至於全世界，皆循茲軌道而日孜孜者也。其希望愈遠，其志事愈大者，其所遭拂戾之境遇必愈衆。

——《新民說》

人不可無希望，然希望常與失望相倚；至於失望，而心蓋死矣。

養其希望勿使失者，厥惟毅力。故志不足恃，氣不足恃，才不足恃，惟毅力為足恃。

——《新民說》

天下惟不辦事者，立於全敗之地；而眞辦事者，固必立於不敗之地也。故吾嘗謂毅力有二種：一曰“兢惕於成敗”，而竭全力以赴之，鼓餘勇以繼之者剛毅之謂也；二曰“解脫於成敗”，而盡天職以任之，獻生命以殉之者，沈毅之謂也。

——《新民說》

義務與權利對待者也。人人生而有應得之權利，卽人人生而有應盡之義務，二者其量適相。均其在野蠻之世，彼有權利無義務有義務無權利之人，蓋有焉矣；然此其不正者也。不正者固不可以久。苟世界漸趨於文明，則斷無無權利之義務，亦斷無無義務之權利。惟無無權利之義務也，故盡瘁焉者不必有所懼；惟無無義務之權利也，故自逸焉者不必有所歆。

——《新民說》

夫不正之權利義務，而不可久者何也？物競天擇之公理，不許爾爾也！權利何自起？起於勝而被擇。勝何自起？起於競而獲優。優者何？亦其所盡義務之分量有以軼於常人耳！

——《新民說》

天下無往非難境，惟有膽力者無難境；天下無往非畏途，惟有膽力者無畏途。天豈必除此難境畏途以獨私之哉？人間世一切之境界，無非人心所自造；我自以為難以為畏，則其心先餒，其氣先懾，斯外境得乘其虛而窘之。若悍然不顧，其氣足以相勝，則置之死地而後生，置之亡地而後存。

——《新民說》

夫所謂公德云者，就其本體言之，謂一團體中人公共之德性也。就其構成此本體之作用言之，謂箇人對於本團體公共觀念所發之德性也。

——《新民說》

天下必先有理論，然後有實事；理論者，實事之母也。凡理論，皆所以造實事；雖高尚如宗教家之理論，淵遠如哲學家之理論，其目的之結果，要在改良人格，增上人道，無一非為實事計者。而自餘政治家言，法律家言，羣學家言，生計家言，更無論矣。故理論而無益於實事者，不得謂之眞理論。

——《新民說》

獨立者何？不藉他力之扶助，而屹然自立於世界者也。人而不能獨立，時曰“奴隸”，於民法上不認為公民；國而不能獨立，時曰“附庸”，於公法上不認為公國。嗟乎！獨立之不可以已如是也。

——《國民十大元氣論》

野蠻時代所謂道德者，其旨趣甚簡單，而常不相容；文明時代所謂道德者，其性質甚繁雜而各呈其用。而吾人所最當研究而受用者，則凡百之道德，皆有一種妙相：卽自形質上觀之，劃然立於反對之兩端；自精神上觀之，純然出於同體之一貫者。

——《國民十大元氣論》

“獨”“與”“羣”，對待之名詞也。人人斷絕倚賴，是倚羣毋乃可恥；常紬身而就羣，是主獨無乃可。差以此間隙，遂有誤解者與記右者之二派出焉；其老朽腐敗者，以和光同塵為合羣之不二法門，馴至盡棄其獨立，闇然以媚於世。其年少氣銳者，避奴隸之徽號，乃專以盡排儕輩惟我獨尊為主義。由前之說是合羣為獨立之賊；由後之說，是獨立為合羣之賊。

——《國民十大元氣論》

自由者，權利之表證也。凡人所以為人者有二大要件：一曰生命，二曰權利。二者缺一，時乃非人；故自由者亦精神界之生命也。

——《十種德性相反相成義》

天下人固有識想與議論，過絕尋常，而所行事不能有益於大局者，其自信力不足者也。有初時持一宗旨，任一事業，及為外界毀譽之所刺激，或半途變更廢止不能達其目的者，必其自信力不足者也。

——《十種德性相反相成義》

天下豪傑之士，每喜創新事業；而中人以下，每甘追逐風氣。天下豪傑少而中人多，當每一事業之初創也，必獲厚實於羣；無量之人相率而追逐之，不知此業實不能容此無量之人，乃不能不爭貶其價值以相競，于是其勢必立蹶。而他種事業，因為衆人所不趨，必至缺乏，值乃驟進。此上極反賤，下極反貴所以然之故，其理甚淺；而治生家往往不能察者，因其上極下極之界至難定，間有未極而指為已極者，亦有已極而擬為未極者；苟非善觀時變，則易生迷惑也。

——《史記・貨殖列傳今義》

先王之為，天下也公，故務治事；後世之為天下也私，故務防弊。務治事者，雖不免小弊，而利之所存，恆足以相掩，務防弊者，一弊未弭，百弊已起；如葺漏屋，愈葺愈漏；如補破衲，愈補愈破。務治事者，用得其人則治，不得其人則亂；務防弊者，用不得其人而弊滋多，即用得其人，而事亦不治。

——《論中國積弱由於防弊》

凡改革之事，必除舊與布新，兩者之用力相等，然後可有效也。苟不務除舊而言布新，其勢必將舊政之積弊，悉移而納於新政之中，而新政反增其害矣。

——《政變原因答客難》

二、政　治

具體的政治條件，是受時間、空間限制的；抽象的政治原則，是不受時間空間限制的。

——《學術演講集》，第二輯第二頁，《先秦政治思想》

政治學是要發明政治原則，再從原則上演繹出條件來。

——同上，第二輯第二頁

政治是國民心理的寫照：無論何種形式的政治，總是國民心理積極或消極的表演。

——同上，第二輯第二頁

研究政治，最要緊的是研究國民心理；要改革政治，根本要改革國民心理。

——同上，第二輯第二頁

中國人深信宇宙間有一定的自然法則，把這些法則適用到政治，便是最圓滿的理想政治。

——同上，第二輯第七頁

中國人很知民衆政治之必要，但從沒有想出個方法叫民衆自身執行政治。

——同上，第二輯第十六頁

欲貫徹人治主義，非國中大多數人變成賢人不可。儒家的禮治主義，目的就在救濟這一點。

——同上，第二輯第三十八頁

政治不過團體生活所表演各種方式中之一種，所謂學政治生活，其實不外學團體生活。

——同上，第二輯第七十七頁，《教育與政治》

凡民主政治的國家，總要建設在國民意識之上。

——同上，第三輯第二十三頁，《市民的羣衆運動之意義及價值》

市民的羣衆運動，就是表示國民意識的最好方法。

——同上，第三輯第二十三頁

喚起國民意識的方法雖然很多，內中最猛烈而最普徧的，莫過於市民的羣衆運動。

——同上，第三輯第二十五頁

政治軌道，是要把政治建設在國民意識之上。

——同上，第三輯第二十八頁

政治權方的來源，完全是秘密的，不是公開的。

——同上，第三輯第二十八頁

無論何種運動，都要多培實力，少作空談。

——同上，第三輯第八十八頁，《人權與女權》

凡國體之由甲種而變為乙種，或由乙種而復變為甲種，其驅運而旋轉之者，恆存乎政治以外之勢力。

——《盾鼻集論文類》，第二頁，《異哉所謂國體問題者》

當國體彷徨歧路之時，政治之一大部分恆呈中止之狀態，殆無復政象之可言。

——《盾鼻集論文類》，第二頁，《異哉所謂國體問題者》

常在現行國體基礎之上而謀政體政象之改進，此卽政治家唯一之天職也。

——同上，《論文類》，第二頁

在甲種國體之下為政治活動，在乙種反對國體之下仍為同樣之政治活動，此不足成為政治家節操之問題，

——同上，《論文類》，第二頁

犧牲其平日政治上之主張，以售易一時政治上之地位，斯則成為政治家之節操問題。

——同上，《論文類》，第二頁

國體本無絕對的美，而惟以已成之事實為其成立存在之根原。

——同上，《論文類》，第三頁

於國體挾一愛憎之見，而以人為的造成事實，以求與其愛憎相應；則禍害之中，於國家將無已時。

——同上，《論文類》，第三頁

君主之為物，原賴歷史習俗上一種似魔非魔之觀念，以保存其尊嚴；此種尊嚴，自能於無形中發生一種效力。

——同上，《論文類》，第十五頁

自古君主國體之國，其人民之對於君主，恆視為一種神聖；於其地位，不敢妄生言思擬議。若經一度共和之後，此種觀念遂如斷者之不可復續。

——同上，《論文類》，第十五頁

變更政體，則進化的現象也；而變更國體，則革命的現象也。進化之軌道，恆繼之以進化；而革命之軌道，恆繼之以革命。

——同上，《論文類》，第二十頁

生息於惡政治之下，窒其本能，梏其發展，以有今曰；及今努力拔此病根，安見種種憂虞不遂迎刃而解？

——《盾鼻集論文類》，第五十頁，《在軍中敬告國人》

國家能否立憲，惟當以兩條件為前提：其一，問軍人能否不干預政治；其二，問善良之政黨能否成立。

——《盾鼻集論文類》，第五十三頁，《闢復辟論》

凡政治之作用，當許容異種之勢力，同時並存；且使各得相當合法之發展機會，此不磨之原則也。

——《盾鼻集論文類附錄·與報館記者談話一》

政府以外，別設一合議機關，使參與重要行政方針，原屬一種良好之作用；但其法律上拘束行政之力，不可太强。

——《盾鼻集論文附錄七》，第三頁，《與報館記者談話二》

一時政象之不良，惟當以政治手段救濟之。憲法之職任，在予政治以永久可循之常軌；若頭痛炙頭，脚痛醫脚，非惟不能收救濟之實效，必緣此而他方面別生弊害。

——《盾鼻集論文類附錄》，第七十五頁，《與報館記者談話三》

過渡時代種種混沌棼泯之現象，實由受國外物質上、精神上之變遷刺激，社會驟呈異狀；而固有傳來之條教，漸失其範圍持載之力。

——同上，《論文類》，第八十七頁，《五年來之教訓》

競爭必須有軌道有範圍：一面力求自力之伸張，一面仍許容他力之存在。

——《盾鼻集論文類》，第八十八頁，《五年來之教訓》

吾儕知凡身任國事，而以個人之利害或一黨派之利害為本位者，其結果必失敗。能使吾儕知權術之為物，决不足以馭人，而惟足以自斃。

——《盾鼻集論文類》，第九十頁，《五年來之教訓》

我國將來政治上各省自治基礎確立後，應各就其特性，於學術上擇一二種為主幹；例如某省人最宜於科學，某省人最宜於文學美術，皆特別注重，求為充量之發展。必如是然後能為本國文化、世界文化作充量之貢獻。

——同上，第一八二頁

墨子注重“人為”，以為天下事沒有委心任運做得好的。所以他主張干涉主義，主張賢人政治。

——《墨子學案》，第八頁

夫共和必與立憲相緣；而立憲政治所以能維持，專賴全國人民皆關心國事，皆盡力國事。——尤須常識日漸增加，公德日漸發達。

——《國民淺訓》，第五頁

立憲者，以憲法規定國家之組織，及各機關之權限，與夫人民之權利義務，而全國上下共守之，以為治者也。

——同上，第五頁

國會之權限，亦各國不同；惟有三種權能萬不可缺者：一曰議決法律；二曰監理財政；三曰糾責政府。但使國家能有良好之國會，而國會能公平以行此三項權能，則立憲之實可舉，而共和之基可固矣。

——同上，第六頁

立憲國政治之特色，在中央則為國會，在地方則為自治；而自治尤為親切有味。

——同上，第八頁

眞正之自治，必須不加官力，純由人民自動；其實此事本出於人性之目然。

——同上，第九頁

國家之頒行自治制度，不過代為擬一妥善之辦事章程：教以欲辦一事用何法議决；議决之後，用何法執行；辦事之費，用何法稽核，何法籌措。如斯而已。

——同上，第十頁

人民既責望政府替我等興利除害；然政府必須實知國中情形，知利與害之所在，然後能興之除之，則調查其最要矣。

——同上，第十八頁

不謀自立而務排人，無論對內對外，皆無當也。平恕待人，而刻厲求己，此則大國民之器度也已。

——同上，第二十一頁

吾願國中老輩，知自由平等雖非盡愜於中庸之道，然在德性中能各明其義，在政治上尤足以為民干城；切不可妄肆詆諆，使梟雄之輩，利用此等心理以摧鋤民氣。

——同上，第二十四頁

吾又願國中少年，知自由平等之功用，什九當求諸政治。政治以外之事，不能動引此為護符；卽其功用之現於政治者，亦不過謂人人於法律內享有自由。法律之下人人皆平等，而斷不容更越此界以作別種之解釋。

——同上，第二十四頁

政府只能提絜大綱，導民於進取之途；其實際着手進取，則須我民自為之。然非有公德，非有常識，何能立於今日生計競爭之世界而操勝算。

——同上，第三十頁

以數千年絕少變化之政治現象，其中且充滿以機詐黑闇，學生學之，徒增長保守性或其他惡德，與民治主義之教育適相背馳。

——同上，卷七十第十頁，《中國國史教本改造案幷目錄》

政治上的興味和責任心自然發生，愛國是不待人教的。

——同上，第七十二卷第二十六頁，《歐遊心影錄節錄》

因一時政治上的利害衝突，連學問上也生出偏好偏惡來，眞是人類的普通弱點。

——同上，第七十四卷第十六頁

政治運動之事業，絕不當以目前之急功近效為程期。

——同上，第二十二頁，《時事雜論》

羣衆運動，消極的挽救，决不如積極的主張之為有力也。抽象的理論，决不如具體的方案之為有力也。此各國國民運動史，所以必以改憲立法諸運動為其中堅也。

——同上，第二十三頁

政治運動者，國民中一部份，為保存國家及發展國家起見，懷抱一種理想，對於政治現象或全體或局部的感覺不滿足；乃用公開的形式，聯合多數人續繼協同動作，從事於宣傳與實行，以求貫澈[1]政治改革或政治革命之公共同的所採之一種手段也。

——同上，第二十七頁

凡以個人權利之觀念為動機，如現在官僚所謂運動者，不得冒稱政治運動。何也？以其與國家公共目的無關故。

——同上，第二十七頁

一時感情的衝動旋起旋滅者，雖其動機關於政治，仍不得遂稱為政治運動。何以故？以其無繼續性故，不求貫徹故。

——同上，第二十八頁

[1] “貫澈”，當為“贯彻”。——編者註

凡百政制皆經一度或數度極熱烈之國民運動而來。一政制之成立也，國民皆了解其意義，故其運用之也甚嫻；且其得之也甚艱，故其珍護而保持之也甚力。

——同上，第二十八頁

對外運動，在各國政治動動[1]史上，原不失為一重要之位置。但其運動之有效，不出二途：一，政府已確立一種對外政策，而國民為之後援。二，國民不滿意於現政府之對外政策，易一政府，而新政策可實現。質而言之，必以政治修明政府可用為前提，然後對外乃有可言。我國始終缺此前提，故對外運動，無論若何熱誠激烈，皆以失敗終了。

——同上，第二十九頁

由多數人識力幼稚於具體一事件之利害，尚或能理解。至於抽象的利害及各事件間相互之因果關係，非用稍繁複之推論，不能說明羣衆對之，已不甚親切有味。又因交通未大通，社會組織不完，人與人、地方與地方間相互之密度，不能如他國黏切固結。故多數人對於全國公共問題，以視一地方一局部之問題，其感覺力較鈍。

——同上，第二十九頁

從具體的局部事項入手，使人人直接感功身利害誠不失為運動之一良法。但天下事大抵非根本問題解決，則枝葉問題無從解決，而根本一旦解決，則枝葉往往迎刃而解。今專從枝葉下手，無論什有九不能得結果，卽有所得，亦殊不徹底。而凡一運動之成功，皆須出極大代價，獅子搏虎搏兔，用力等耳。一國中有熱心毅

[1] "政治動動"，當為"政治運動"。——編者註

力能為運動中堅者，其人本自不多，其日力精力亦正有限。枝葉問題所耗太多，根本問題必至閑卻。且枝葉問題，層出不窮，日日應付，運動屢起，能使國民厭倦，減其效力。故此種運動，雖慰情勝無，吾總認為不經濟的運動。

——同上，第二十九頁

政治運動之所以可貴，以其經一次運動成功後，而當時國民所懸以為鵠之政治理想，則違犯此法律之罪惡，自無從發生，一發卽法律之制裁隨乎其後。為肅清政弊起見，此實拔本塞源之計。至法律效力之强弱，實以國民擁護法律力之强弱為衡。經運動而得之法律，其擁護之力必强，否則必弱。故立法的運動，在各種運動中，收效最豐而植基最固。

——同上，第三十頁

凡言論集會不能自由之國，决無政治運動之可言。

——同上，第三十一頁

多數人智識幼稚，對於稍複雜之政治問題，便苦難理解。若欲運動普及，除非專訴諸感情的衝動——如對外問題、對人問題之類。雖然，此等非政治運動之根本義，若專從此等事著手，斷不能徹底，不能進步，且運動所起次數愈多愈使國民厭倦。

——同上，第三十一頁

今日之中國，實不宜輕言政治運動，須從文化運動、生計運動、社會改良運動上築一基礎，而次乃及于政治。

——同上，第三十一頁

在黑暗政治之下，無論何種國民事業，皆不能進行。例如言論、集會、出版等既不獲自由，則不獨政治運動無可言。卽文化運動，亦受莫大之障礙，决不能順應時勢以發展。而欲求得此自由，且確實擁護此自由，則非經一度或數度極壯烈、極慘淡的奮鬬運動不可。此種運動，卽政治運動也。

——同上，第三十一頁

政治運動者，乃向久病麻庳之國民，加以藥針注射的療治。

——同上，第三十一頁

國民無政治常識無政治興味，則眞政治運動不能實現也。然又非經若干度之政治運動以後，則常識與興味末由增進。兩者因果相屬若循環然。若必待時機成熟乃開始運動，恐所謂成熟者，永無其期。

——同上，第三十一頁

欲共和基礎鞏固，欲國民事業發展，總以養成國民協同動作之習慣為第一義。欲養此習慣，自然當多為其途，然大規模的協同動作，實以政治運動為最。故每經一度運動，不獨國民自覺心增進一步，卽國民自治力亦增進一度。

——同上，第三十一頁

今日之中國，是否當以政治運動為主要的國民運動，吾不敢言；是否能以政治運動為主要的國民運動，吾亦不敢言。雖然，吾以為最少亦須以下列兩種目的，為過渡時代的政治運動：第一，為排除文化運動、社會運動種種障礙起見，以輔助的意味行政治運動。第二，為將來有效的政治運動作預備工夫起見，以教育的意味行政治運動。

——同上，第三十二頁

政治這樣東西，不是一件礦物，也不是一個鬼神；離却人沒有政治，造政治的橫豎不過是人。所以人民於政治，要他好了便好了，隨他壞了便壞了。須知十年來的壞政治，大半是由人民縱壞。

今日若要好政治，第一是要人民確然信得過自己有轉移政治的力量；第二是人民肯把這分力量拿出來用。

——同上，第七十六卷八頁，《辛亥革命之意義與十年雙十節之樂觀》

我奉勸全國中優秀分子，要從新有一種覺悟："國家是我的，政治是和我的生活有關係的；談，我是要談定了，管，我是要管定了！"多數好人都談政治，都管政治，那壞人自然沒有站脚的地方。再申說一句，只要實業界、教育界有嚴重監督政治的决心，斷不愁政治沒有清明之日。

——同上，第九頁

每經一次階級鬬爭，那政治便一次從少數人手裏解放到多數人手裏。如是，由少數而多數，而大多數而最大多數而全體，便是政治的極軌，也是政治進化一定的程序。

——同上，第十七頁，《無槍階級對有槍階級》

統治階級權力雖大，離却被治階級却也活不成。强者能彀制弱者死命的只有一件，弱者能彀制强者死命的倒有幾十件哩。只要弱者能有團結的運動，至弱便變成至强。

——同上，第二十四頁，《外文歟內政歟》

共和政治的上臺，全在國民；非國民經過一番大覺悟大努力，這種政治萬萬不會發生，非繼續的覺悟力，這種政治萬萬不會維持。

——同上，第二十五頁

怎麼纔願意管政治呢？是要靠國民運動來表示。怎麼纔能彀管政治呢？要靠國民運動來爭得這權利。怎麼纔會管政治呢？是要靠國民運動來練習這技能。簡單說一句，國民運動便是共和政治唯一的生命，沒有運動，便沒有生命了。

——同上，第二十五頁

運動的最大作用，是把各種問題大鑼大鼓的抬出來，放在公衆面前，聒噪得大家耳根不得清淨。初時那些渾渾沌沌什麼事都會答個“不成問題”的人，你向他聒噪得幾次，他腦筋裏也漸漸成了問題了。

——同上，第二十六頁

凡一個問題經過一度羣衆運動之後，那問題自然會成“通俗化。”

——同上，第二十六頁

國民運動的作用。第一步，是把向來不成問題的事項漸漸都變成了問題。第二步，是把向來少數人注意、了解的問題，叫多數人都注意、都了解。這便是政治智識普及國民的唯一捷徑。

——同上，第二十六頁

國民運動，是由少數弱者的自覺，喚起多數的自覺，由少數弱者的努力，攏成多數的努力。自覺力的結果，强者階級必然降服，弱者階級定然後解放。

——同上，第二十七頁

國民運動是拿很鬆、很寬、很暫的團聚試行協同動作。做過一次，那習慣、興味、技能便長進一次。所以緻密、堅强之民治組織，非經過多次運動而且常常繼續運動不能成功。

——同上，第二十七頁

國民運動的價值，在政治本身是可限量的，在國民教育上是無可限量的。一個政治問題的運動，雖有成敗之可言，從政治教育的意味看來，無成敗之可言。凡國民政治運動，總是成功。雖失敗也算成功。為什麼呢？因為靠他纔能養成做共和國民的資格，固然養資格；敗，也是養資格。資格養成，什麼事幹不了？所以國民運動只有成功，沒有失敗。

——同上，第二十七頁

運動是對外示威，示威的結果，不是敵人讓步，便是開戰。所以這種運動，在別國是輕易不肯濫用，一用起來，力量却非常之大。

——同上，第三十頁

外交問題較簡單，容易把多數人的感情燒起來；內政問題較複雜，要轉幾個灣纔能了解，多數人看得不痛切、不着急。

——同上，第三十一頁

內政上局面不轉變，爭外交決無結果。外交主張，是要政府去辦的，國民不能努力建設一個像樣的政府，而拿許多話嘵嘵向人。在自己是“不揣其本而齊其末”，在人家看來完全是一種戲論。

——同上，第三十二頁

國民運動，是表示我們國民要要求那幾椿；事當局的人，能辦這幾件事的便要他，不能的便攆他，他是張三還是李四，我們却沒有閑工夫來管。

——同上，第三十三頁

我所主張的國民運動，純然帶“國民政治教育”的意味，若是祕密，則種種作用完全失掉了。所以我主張萬事要公開，始終用堂堂之陣、正正之旗；赤裸裸的社會黑暗方面，都盡情暴露出來，連我是自己的缺點也暴露了，一切暴露之後，自然會有辦法。

——同上，第三十三頁

國民運動的問題，要為“全民的”，然後能得多數人同情，增大他的效力。

——同上，第三十三頁

在某一個定期內，將某一個問題向國民耳朵邊聒噪不休，叫人人心目中都認識這問題的價值。把一個時期內鬧出個段落，再鬧第二個。

——同上，第三十四頁

國民運動縱然不能辦到“全民的”，總須設法令他近於“全民的”。運動要由智識階級發起，那是沒有法子的事；但若專靠智識階級做主體，却反於國民運動的精神了。

——同上，第三十四頁

我們當着手運動之先，便要先把“失敗”兩個字批在自己預算册上頭，只認為應該做的，便大踏步做去。

——同上，第三十四頁

我以為目前最痛切、最普徧、最簡單的，莫如裁兵或廢兵這個大問題，我們應該齊集在這面大旗底下，大大的起一次國民運動。

——同上，第三十五頁

眞正的國民運動，並不是某人指揮某人去做，乃是要人人自動的去做，便要各人經一番自省之後，知道“我”能做那件，“我”該做那件，然後各用其長，各盡其才，庶幾可以收互助的效果了。

——同上，第三十六頁

政治上之不干涉主義，實我國民銘心刻骨之公共信條。試舉政治上之美名詞，必曰“垂拱無為”，必曰“與民休息”。蓋我國民之理想的政治，乃在將政治的範圍縮至最小限度；以今語表之，雖謂我全國人民數千年來皆為無政府主義之信徒也。人民並不倚賴良政治而始存活，故雖有惡政治，而社會亦不至根本受其摧殘。

——《歷史上中華國民事業之成敗及今後革進之機運》

我國民之於政治，積習的改良之興味甚薄，而消極的節制之勢力甚强；社會上若別有一堡壘線，為政治所不能侵入；若侵入焉，必致挫衄；吾民卽隱身於此線內，以自遂其發育；其能日處驚濤駭浪中而優自保存者，恃此。然坐是之故，對於政治日益冷淡，甚且生厭惡，寖以斲傷其政治本能；而凡百公共事業，乃委諸休戚不相關者之手，國家之元氣屢傷。後雖恢復，而寸進尺退，等于不進，此則文化停滯之一大原因也。雖然，我國民所篤信之不干涉主義，自有其眞價植存焉；今後我國政治之新生命，其終必建設於此基礎之上。

——《歷史上中華國民事業之成敗及今後革進之機運》

對於政治之冷淡，為我國民一大弱點，今後切宜矯正；但政治上不干涉主義，實為自由保障之干城，宜固守之；而以分地自治、分業自治兩者駢進，建設政治之新生命。

——《歷史上中華國民事業之成敗及今後革進之機運》

無論何種政治，總要有多數人積極的擁護——最少亦要有多數人消極的默認，纔能存在。所以國民對於政治上的自覺，實為政治進化的總根源。

——《五十年中國進化概論》

這五十年來中國具體的政治，誠然可以說只有退化並無進化；但從國民自覺的方面看來，那意識確是一日比一日鮮明，而且一日比一日擴大。自覺，覺些甚麼呢？第一，覺得凡不是中國人都沒有權來管中國的事。第二，覺得凡是中國人都有權來管中國的事。

——《五十年中國進化概論》

我對於中國政治前途，完全是樂觀的。我的樂觀，卻是從一般人的悲觀上發生出來。我覺得這五十年來的中國，正像"蠶變蛾""蛇蛻壳"的時期。變蛾蛻殼，自然是一件極艱難、極苦痛的事。那裏能夠輕輕鬆鬆的做到。只要他生理上有必變必蛻的機能，心理上還有必變必蛻的覺悟，那麼，把那不可逃避的艱難苦痛經過了，前途便別是一個世界。所以，我對於人人認為退化的政治，覺得他進化的可能性却是最大哩。

——《五十年中國進化概論》

凡但叛亂於專制政府之下者，其力恆單微而常思假手於外援；強鄰之懷抱野心者，則從而利用之，不自競之政府，亦或思假手外援以遏內亂。

——《歐洲大戰史論》

今世政治勢力，常隨生計勢力為遷移。彼貧弱之老大國及新造國，無論財政方面、產業方面，皆不能不仰給外資。外資所至之地，國權隨焉。

——《歐洲大戰史論》

政治者，社會之產生物也。社會凡百現象，皆凝滯窳敗；而獨欲求政治之充實而有光輝，此又大惑也。夫今日之政治，與吾儕之理想的政治甚相遠，此何必諱言者；雖然，平心論之，在此種社會之上，其或者此種政治，尚較適切；易以吾儕所懷想者，其敝或且更甚於今日。蓋誰與行之，而誰與受之者？吾以為中國今日膏肓之疾，乃在舉全國聰明才智之士，悉輳集於政治之一途。夫一國政治，筦其樞者恆不過一二人；而政治之為物，其本質原無絕對之美，其美惡之效，又非可決於旦夕。國民既有所倚任之人，則宜盡其長以觀其後。

——《大中華發刊辭》

一國中執行政務之人，所需亦不過此數；今乃舉全國無量數不知誰何之人，而皆欲託於政治以自養。官吏之供給過於其所需要數十百倍，人人皆患得之患失之。所以奔競頃軋者，無所不用其極，政象安得不混濁？則政治之易使人失望矣。

——《大中華發刊辭》

以舉國聰明才智之士，悉輳集於政治，故社會事業一方面，虛無人焉。既未嘗從社會方面培養適於今世政務之人才，則政治雖歷十百年，終無根本改良之望，其間接惡影響之及於政治一部分者，既若彼矣；而政治以外之凡百國民事業，悉頹廢摧壞而無復根株之可資長養。故政治一有闕失，而社會更無力支拄，以待繼起者之補救，其直接惡影響所及，則國家存亡所攸判也。

——《大中華發刊辭》

法起於何耶？當法之未立也，强陵弱，衆暴寡，智欺愚，勇賊怯，權力無所集重，故不足以相伏而相維也。雖然，於彼其時，而人與人相處之間，國中一羣聚一階級與他羣聚他階級相處之間，猶必有種種公仞之規律；或箸之竹帛，或習安而相守之，各定其權力之界，然後得以耦俱而寧息也。是則法之濫觴也，及國家既建定一尊以制憲典，權力關係變為權利關係，而法之形具焉。

——《國際立法條約集序》

國際法者，國與國相互間公仞之規律，其性質略與國家未建前社會習安信守之公律相類。其效力不能如國內法之强固而溥徧也。

——《國際立法條約集序》

一年以來，國中有二大勢力，常為政治改良之梗者：一曰，官僚社會之腐敗的勢力；二曰，莠民社會之亂暴的勢力。共和黨既以改良政治為惟一之職志，非將此兩種勢力排而去之，則目的終不可得達。雖然，彼腐敗派之勢力，乃積數百年來歷史之遺傳，在專制政體之下，當然不能免者。

——《共和黨之地位與其態度》

吾黨鑑觀各國前史，見革命之後，暴民政治最易發生；而暴民政治一發生，則國家元氣必大傷而不可恢復。

——《共和黨之地位與其態度》

當此存亡絕績❶之交，有政府終勝於無政府；而充亂暴派之手段，非陷國家於無政府不止。

——《共和黨之地位與其態度》

既彼此政見相合，乃相結而為一黨，則不容於黨內復分黨，其理本甚明；然今細察國中各黨，殆無一能免此病，黨勢愈大，則其病此也亦愈甚。

——《共和黨之地位與其態度》

人之性質，有毗陽毗陰之異，其學識有見仁見智之殊；加以地方上感情之差池，地位上利害之矛盾，人之羣聚愈多，其萬有不齊也愈甚。故大黨中復分小派，實為最易蹈之弊；雖然黨中苟犯此弊，則其黨之衰亡可立而待矣。

——《共和黨之地位與其態度》

立憲政治所以異於專制政治者，以彼采祕密主義，而此采公開主義也。立憲政治之運用，全恃政黨；故必政黨自身常采公開主義，然後可以運用公開之憲政。若黨務常行於囁嚅耳語之間，則已非復政黨之作用矣。

——《共和黨之地位與其態度》

所謂公開者，非謂每治一事，必須一一偏求全黨員之盡諾也。政策態度，公開以定之分科治事，公開以任之；各職員於其權限內

❶ “絕績”，當為“絕續”。——編者註

所應治之黨務，固可以專行而無所掣肘；其所行之成績，則屆時公告之。所謂公開者，如是而已。

——《共和黨之地位與其態度》

凡團體之為物，皆以團體員為分子而構成之；舍團體員外，更無所謂團體者存。故團體與團體員，兩者不能分離。國家一種之團體也，政黨亦一種之團體也；專制國家所以不能長治久安者，其國中多數人民，皆自居於客體，而惟認一人或少數人為主體。故愛國之念，無從發生；其真與國同休戚者，不過為主體之一人或少數人耳。

——《共和黨之地位與其態度》

黨員若自居於客體，則必放棄責任，其為黨病，夫既言之矣。若黨員人人皆競起而負責任，則又有最易犯之一弊焉，則自由行動是已。自由行動者，非必其違背黨義不忠於黨。也就令恪遵黨義而甚忠於黨，然自由行動之結果，常足以陷黨於危敗之地。

——《共和黨之地位與其態度》

凡團體員一面為其團體之主人，同時又一而為其團體之機械。國民之對於國也，有然；黨員之對於黨也，亦有然。國民而不願為國之機械，則國無與立；黨員而不願為黨之機械，則黨無由成。然雖一面為機械，一面仍不失為主人。何也？當決定黨議之時，黨員皆得列席，自發表其意見，而决於多數；既决議，然後服從之。决議後固不得自由，决議時固有完滿之自由也。吾服從吾自由意志所决議者，則於吾之自由未損毫末，而何有喪失人格之為慮也。

——《共和黨之地位與其態度》

政黨者，團體也。凡團體皆具有人格，政黨之為人格，雖非法律上之人格，然社會學上則不能不認為一種人格。

——《莅民主黨歡迎會演說辭》

凡為政黨員者，必鬭除其個人之私目的，以服從政黨之公目的，此政黨存立之根本要素也。

——《莅民主黨歡迎會演說辭》

分明政見不相同，而居然可以同黨；分明無意識之人，而亦居然加入黨中，幾令人不能知其公共目的之所在，若此之結合，決非以公目的結合，乃以私目的結合者也。以私目的結合者，決不能謂之政黨；乃亦有公共目的相同而不能聯合者，是必有私目的雜乎其間以為之障耳。故不同目的而相合者，其原因固在私目的；同目的而不相合者，其原因亦在私目的。夫合數私目的不成一公目的，孰謂可以私目的成政黨乎？

——《莅民主黨歡迎會演說辭》

凡百學問政治，莫不以奮鬥為成功之要素，政黨無奮鬭之力，又安能行其所志？且政黨必有其政見與他黨不能相同者，自主觀視之，必以己黨之政見為足救國，而以他黨之政見為足誤國。以大決心貫澈己黨之所主張，是實國民對於國家之道德也。

——《莅民主黨歡迎會演說辭》

政黨活動，除奮鬭外，別無他語可言。若往來於諸黨之間，但求遂其私圖，無所謂主義之奮鬥，是又安成為政黨。

——《莅民主黨歡迎會演說詞》

國人服從强權之惡性不去，則暴民暴君之政治，終亦必循環無已；此在閉關時代，尚不能自存，况今日乎？

——《莅民主黨歡迎會演說辭》

眞有政黨員之資格者，必也剛亦不茹，柔亦不吐，為天下之公理而奮鬥，為國家之大計而奮鬭，為一黨之主義而奮鬭，為一己之所信而奮鬬。成功固得行其所志，為國謀進步，為民謀幸福；卽失敗至無餘地，亦為最有名譽之失敗。

——《莅民主黨歡迎會演說辭》

我國人數千年來習於不規則之活動。愈有才者，其不規則之活動愈甚。欲得一整齊嚴肅若軍隊之政黨，恐非易事。故我所望於今日政黨員者，則願其入政黨，若入將校學校以自訓練其整肅之習慣，奮鬬之精神。當為政治活動之時，則尤須自量其才能如何，以擇所處之地位，聽齊一之號令以活動。

——《莅民主黨歡迎會演說辭》

政黨既各抱有主張為政治上之奮鬬，自不能不有所謂黨略，若用兵之有兵略然。既曰“黨略”，則權謀不能不行乎其間，此不足為深諱也。雖然，亦有一定之界限焉。一定之界限維何？曰“手段須公正”。手段公正，主義始可以表白於天下，而得國民之同情；否則終亦必被棄於國民，而致大失敗耳！

——《莅民主黨歡迎會演說辭》

若一黨既結合於公共之目的，有奮鬬之精神而復濟之以公正之手段；則一時黨勢雖小，終必大得國民之同情，而發達擴張其黨勢，况大政黨而能行之者乎？故我所望於今之政黨員者，但使一黨主張之無誤，以公共之手段，求國民之同情，自必能發達其黨勢。致破壞他人之黨。圖發達自己之黨，此等小智小術，非惟不能成功，抑且速其失敗。願各從大處著想，則政黨前途之福也。

——《莅民主黨歡迎會演說辭》

黨綱本屬抽象之物，固可以永久遵守而不變動；至若由黨綱所發生之政策，則往往時而變動。是以黨內先知先覺之士所認為應為之事，自未必能得全黨之贊成；當此之時，苟認定無誤，則雖有反對亦必貫澈其主張。甚而至於黨員分離，黨勢分裂，亦必固持其所主張而不少為搖動；此無犧牲之精神者其能之乎？

——《蒞民主黨歡迎會演說辭》

為大政治家者，須有道德氣魄，身命名譽皆可犧牲，獨主張不可犧牲；因主張之不可犧牲，故不可不有犧牲之精神，而忍受苦痛。諺所謂：毒蛇繞手，壯士斷腕，懼其以大害小也。

——《蒞民主黨歡迎會演說辭》

政黨與他種法律上之團體不同：法律上之團體，可以按法而行；若政黨出入，既可以自由，而政治上之活動，又不能有法律以先規定其事。

——《蒞民主黨歡迎會演說辭》

無論何國，既有政黨，自不僅存一黨，必有相與對立之黨；既有對立之黨，主張利害，自不能強為相同。故凡為政黨者，對於他黨，不可有破壞嫉忌之心；且尤必望他黨之能發達相與競爭角逐，求國民之同情，以促政治之進步。

——《蒞民主黨歡迎會演說辭》

政黨對於他黨，必須有優容之氣量；主張雖絕相反對，亦各自求國民之同情，以謀政治之進步耳。至對於黨內黨員，則優容更為切要。人有所長，必有所短；而性質之不同，猶如其面，善用其長而忘其短，黨始能發達。

——《蒞民主黨歡迎會演說辭》

共和政治，非有政黨不能運用；而不完全之政黨，其障礙共和政治之前途，較之無政黨為尤甚。

——《蒞民主黨歡迎會演說辭》

夫國家政治，是否必由公開然後能得良好之結果，此理原難斷定；何以言之？往昔獨裁之治，當其得一二豪傑，未嘗不可致政治於修明。雖然，迨乎人亡，則政因而廢，其為術可偶而不可常，可暫而不可久。

——《蒞民主黨歡迎會演說辭》

所謂政治之公開者，凡一切行政立法財政，大抵經人民公議；議決以後，又必以種種形式從而公布，然後執行。其藉口於運用之便宜，而付諸祕密者，獨外交一端而已。外交為物，乃此國之國家人格與彼國國家人格相互之交涉，與一切行政立法對於人民強制有遵守之効力者，稍有不同，故得為例外。自根底論之，一階級或一私人之特權，經多少反抗，歸於消滅，乃政治所由公開之大因也。

——《蒞共和黨歡迎會演說辭》

近世學者，常謂立憲政治為國民參政之歷史。以鄙人觀察之，則政治之參與，不過立憲政治之一種特色；若預算之公布，法律之公布，乃至行政手續之公開，法庭之公開，此皆政體上應有之作用；故不如謂政治之公開，能隱括一切，而表章各種之特質也。由此言之，政治公開之原則，實由各國先民積多少年之經驗，認此為改良政治之不二法門；故其民不惜嘔心濺血，必求得之而後即安。

——《蒞共和黨歡迎會演說辭》

十餘年來，國中言政治改革者，約分兩大潮流：一為“急進派”，一為“漸進派”，各有主張，各以奮勵無前之氣，為積極之進行，于是今日之局面以成。時至今日，有一極可懼之現象，則惰力性漸漸發生是焉。

——《答禮茶話會演說辭》

對於國民之政治知識，政治能力，政治興味，加以根本的促進；此今日先知先覺應有之責也。

——《答禮茶話會演說辭》

商業與政治有密切之關係，此後政治之基礎能否鞏固，實業家實有大半之責任。

——《答禮茶話會演說辭》

治國非獨恃法也。法雖然，非其人亦不行；然使法而不善，則不肖者私便而賢者束手焉，無論得人不得人，皆不足以為治。

——《箴立法家》

當求以法箴人，不可對人制法；蓋法有恆性，而人無定位。

——《箴立法家》

凡立一法，亦以有適於守法之人為前提耳。若謂此人為不適也，則當謀所以別求其適者；苟終不能得，則法亦奚恃?

——《箴立法家》

大抵凡廢一舊法或立一新法，其動機皆起於輿論之敦促，當局者或盲從焉，或靈應焉；然凡一法之廢置，而利害關係人之喜戚隨之。

——《箴立法家》

治國之立法，以國家及大多數人之福利為目的；亂國之立法，以個人或極少數人之福利為目的。目的不正，則法愈多而愈以速亂亡，固其所也。

——《箴立法家》

立法非以為美觀也，期於行焉。欲養成人民尊重法律之習慣。則當一法之將頒，必先有能推行此法之實力以盾其後。若法意雖美，而形格勢禁，不獲舉而措之，則毋寧暫緩焉以竢諸方來之為得也。

——《箴立法家》

社會事項，若錦之交絲，若機之運輪。單絲不足以成文，隻輪不足以發力。無論何種之單行法，莫不與他法相麗，而始完其用；即未能一時並舉，而本末先後，尤以倒置逆施為病。故立一法者，其精力固當集注於本法之中，其眼光當四射於本法之外。

——《箴立法家》

夫使法成為紙上空文，則瀆法律之神聖莫甚焉。國民法律思想本已薄弱，更從而薄弱之，則其惡影響所及於將來者，更寧忍道耶？

——《箴立法家》

同意權與彈劾權，不相容也；解散權與彈劾權，相對待者也。故欲論彼兩權之應否有無，必以彈劾權之有無為先決問題。一面既主張有彈劾權，一面復主張有同意權，主張無解散權；此矛盾之法理，不成片段之文字也。

——《同意權與解散權》

凡國家政務，皆為國家生存之目的而必要者也；苟非在所必要，斯不得復謂之政務焉已矣。而國人之論政者，恆以己身所習所重之政務，要求國家赴以全力；故教育家特重視教育行政，實業家特重視生計行政，軍人特重視軍人行政，此人情之常也。然一切政務，舉之必需財，國家取諸民者自有限度，若欲將必要之政務，同時悉舉之而完滿無遺憾，其力固有所不逮；則惟有斟酌於其必要之程度，而量財力之所及以分配之，所謂政治計畫者此也。

——《軍事費問題答客難》

凡立一政治計畫，其對於各方面之政務，自不能無所畸輕畸重；而所畸之得當與否，此固憑各人主觀的論斷，不易相強。然以一國家一時代之情實按之，其客觀的得失，固亦略有一定也。

——《軍事費問題答客難》

吾以為欲革一政而收成效，必賴有綜覈名實之精神以赴之；不徇情面，不畏强禦，改革之第一義也。

——《軍事費問題答客難》

凡政治現象，全由社會勢力所造成，其尤嶄然露頭角之一二人物，不過代表此種社會勢力而為之領袖。然無論何種社會，緣自然淘汰之結果，其占最高位置者，必其本社會之第一流人物也。其第二流以下，其位置亦以次遞降，而本社會既失其第一流人物，則第二流必繼起而承其乏。使其社會而為良社會也，則失第一流之良領袖，必有第二流之良領袖代興以賡續其政象；而第二流之良者，其賢能必不能如第一流之良者，可斷言也。使其社會而為惡社會也，則失第一流之惡領袖，亦必有第二流之惡領袖代興以賡續其政象；而第二流之惡者，其污賤必更甚於第一流之惡者，又可斷言也。

——《暗殺之罪惡》

夫政象變化，必以社會勢力變化為之樞。社會勢力，雖得以一二人代表之，而不得以一二人專之。

——《暗殺之罪惡》

凡以見實力不存，雖日日暗殺，決不足以動政局；實力既存，則無須暗殺，而政局自不得不變。

——《暗殺之罪惡》

凡羣治所以維繫於不敝者，必其中有一信仰之府焉；一羣之人，視為神聖，其對之也，必誠必致。匪惟莫敢侵也，乃至莫敢懷疑。其有稍立違異者，則一羣之人，咸指斥為畔逆，駭詫妖異，而其人遂不能為羣所容。神權政治之有教會也，君主政治之有君主也，共和政治之有議會也，皆全國信仰中心之所攸集也。此信仰一破，則其政體遂不能以自存。

——《國會之自殺》

我國數千年來之於君主也，其尊嚴致憚，殆發於人人之先天的感覺；其有冒瀆，則必不能見容於社會。所謂冒瀆者，非必其顯為侵犯也，即研究焉、批評焉，亦幾無復餘地，此其政象之為泰為否且勿論。要之，政之所以能行，國之所以能立，恆必由是。

——《國會之自殺》

凡一國之政象，則皆其國民思想品格之反影而已。在專制政體之下且然，在自由政體之下則尤甚。在專制政體之下，其消極的反影可見也，在自由政體之下，其積極的反影可見也。國民之品格思想，非有缺點，則不能造成專制政體；然在專制之下，言論行動皆受若干之制限束縛，其思想品格不能盡情暴露也。

——《一年來之政象與國民程度之映射》

夫各人之私目的千差萬別，勢固未由與公目的一一相脗合。且私目的而行之於政治上，舍損國家以自利，更有何術？則其與公目的決不相容豈待問也。既人人皆寓私於公，故國中無所謂政治，無所謂政黨；但見無數之個人朋比以自營已耳。

——《一年來之政象與國民程度之映射》

一年來政象最顯著之反映，則個人思想是已。一年以來未嘗見有國家機關之行動，未嘗見有團體之行動；所見者惟個人行動耳。蓋國家機關，必為國家之目的而動；其他公私團體皆必為其團體之目的而動。而今之尸國家機關及為各團體員者，皆借團體機關以為達私目的之手段者也，其口中固日以公目的相揭櫫，其心目中亦未始不知公目的之宜尊重也；而獨至公目的與私目的衝突之際，則以公克私者百不獲一。

——《一年來之政象與國民程度之映射》

政策之良惡、之適否、之拙巧，且當後論；其第一着當先問曾否已有可以賓行此政策之主體，曾否已有可以賓行此政策之機關。

——《政策與政治機關》

既各曰政策，則不能絕對的有利而無病，亦不能絕對的有病而無利；任捧其一，無不可也。卽誤捧拙劣之政策，行焉而不可通，但使行之者有至誠惻怛之心，則不遠而復，亦未必遽禍天下也。顧所最當記憶者，必有政治，然後可以言政策；必有國家有政府，然後可以言政治。

——《政策與政治機關》

有適當之機關，而無適當之人，政策不能舉也；有適當之人，而無適當之機關，政策猶之不能舉也。

——《政策與政治機關》

政治為一種活事實，而法典不過一種死條文，運用死條文以演成活事實，得失之林，存乎其人。是故國體雖從同，而政體或適得其反也。

——《政治上之對抗力》

凡國民無政治上之對抗力，或不能明對抗力之作用者，其國必多革命。

——《政治上之對抗力》

政治上之力而成為絕對的，則其政象未見不歸于專制者也。

——《政治上之對抗力》

夫眞正之政治家，未有畏人之對執者也。彼本有所挾持以對抗人；卽以待人之對抗我，而何畏之與有？惟自審遵常軌，不足以與對抗者，始憚人之對抗我。由憚生嫉，乃不得不設法減削人之對抗力以圖自固。

——《政治上之對抗力》

凡國家必有政本之地；政象之為良為惡，皆自茲出。政本既清，則從政者必得人而能盡其用；從政者既得人且盡其用，則無不可靖之內訌，無不可捍之外患，無不可廓清之宿弊，無不可逮樹之新猷。區區一時之艱鉅，一事之盤錯，其不足危及國命明矣。

——《多數政治之試驗》

所謂政本者何物耶？其在君主國，則一人之君主；其政本也，名曰“獨裁政治”。其在貴族國，則少數之貴族也；其政本也名曰“寡人政治”。其在共和立憲之國，則多數之人民及其代表；其政本也，名曰“多數政治”。獨裁政治也，他不足憂，而惟君主之昏淫為足憂；寡人政治也，他不足憂，而惟貴族之墮落為足憂；多數政治，他不足憂，而惟人民代表之衰曲為足憂。

——《多數政治之試驗》

以多數人民為政本者，一時代一國土之人民，其程度略有一定。程度優秀者，政本自清明，政象自向上，雖欲撓壞而無所動搖；程度劣下者，政本自混濁，政象自棼亂，雖欲弋取而無所徼倖。程度優秀之國民，其個人非無劣下者，而一以入於多數中，則無如多數何，不足以為病也；程度劣下之國民，其個人非無優秀者，而一以入於多數中，則亦無如多數何，不足以為喜也。程度劣下之國民，而政本非自多數出者，徼天之福；幸而遭值個人之優秀者居君相之位，則國家可以意外獲無上之尊榮；程度劣下之國民，而政本復出於多數，則惟有坐聽國家流轉於惡道，永世不能自拔已耳。

——《多數政治之試驗》

獨裁政治，其善惡為不定性；而此善惡不定之原則，無論何時何國皆適用焉。多數政治，其善惡為比較的固定性；然或固定而畸于善，或固定而畸于惡，則恆視其國民程度以為鵠。

——《多數政治之試驗》

夫有力之輿論，實多數政治成立之大原也。

——《多數政治之試驗》

理論上之多數政治，謂以多數而宰制少數也；事實上之多數政治，實仍以少數宰制多數。夫絕對的理論上之多數政治，非可不可之問題，乃能不能之問題也。彼號稱多數政治之國，其多數勢力之發動，豈非在議會耶？豈非在政黨耶？其形式之規於外者，則多數之結集也，多數之表決也；夷考其實，則無論何國之議會，何國之政黨，其主持而指揮之者，為多數人耶？為少數人耶？不待問而知其必為少數人也已矣！

——《多數政治之試驗》

夫治道無古今中外，一而已。以智治愚，以賢治不肖，則其世治；反是，則其世亂。無論何時何國，皆賢智者少而愚不肖者多：此事實上之無可逃避也。是故埋想上最圓滿之多數政治，其實際必歸宿於少數主政。

——《多數政治之試驗》

夫多數政治之為物，必也每一問題發生，而國中言論，畫分可否二派，此二派中，必有一派為絕對占多數者，國家於是從而廢舉之。不寧惟是，凡各種政治問題，必有聯帶之關係：以甲事為可者，則乙丙等事，必聯帶而可之；以甲事為否者，則乙丙等事。必聯帶而否之。夫善後施政有系統而不至互相衝突也。

——《多數政治之試驗》

國體與政體絕不相蒙；而政象之能否止於至善，其樞機則恆在政體而不在國體。無論在何種國體之下，皆可以從事於政體之選擇。

國體為簡單的具象，政體則為複雜的抽象。故國體只有兩極端，凡國必麗於其一；政體則參任錯綜，千差萬別。各國雖相倣，而終不能盡從同也；而形式標毫釐之異，卽精神生千里之殊。

——《憲法之三大精神》

我國數千年困於專制，人民天賦權利，未嘗得確實之保障；非采廣漠之民權主義，無以新天下之氣。且多數國民，政治思想力極幼稚，欲掖進而普及之，莫如多予以直接行使公權之機會。則其與國家之關係日密，而政治興味亦油然以生。此特民權主義者所持之說也。我國雖號專制，然實以放任為政，求如歐洲十六七世紀之干涉政治，未嘗有也。

——《憲法之三大精神》

政治無絕對之美：政在一人者，遇堯舜則治，遇桀紂則亂；政在民衆者，遇好善之民則治，遇好暴之民則亂，其理正同。若必謂以衆為政，斯長治久安卽可操券；則天下豈復有亂危之國者。

——《憲法之三大精神》

政治之目的，在謀最大多數之最大福利，近世通行之“多數政治”，其論據皆在是也。然謂國家一切政治機關，凡以供多數者之利用，而少數者義當為其犧牲。揆諸情理，云何可通？夫少數階級，往往為國家之中堅，善謀國者恆特加保護焉。蔑視壓抑之，其去圖治之道亦遠矣。

——《憲法之三大精神》

政治之目的，其第一義在謀國家自身之生存發達；國家不能離國民而獨存，凡國利未有不與民福相麗者也。故善謀國者，惟當汲汲焉求國權之當遵何道而得鞏固，當遵何道而得善其運用；而此權之當由何人掉之，則一國有一國之所適，一時代有一時代之所適，斷不容刻舟以求，膠柱而鼓也。

——《憲法之三大精神》

夫政府濫用命令權，其弊固可以流於專制；然於法律外無臨機處置及因宜補充之餘地，則束縛馳驟太甚，政府或變為無能力。

——《憲法之三大精神》

一人，人也；衆人，亦人也。恃一人以為政者，其一人適於為政，則政舉，反是則政息；恃衆人以為政者，其衆人適於為政，則政舉，反是則政息。

——《歐洲政治革進之原因》

論政而歸本於人民程度，固是矣；論人民程度而以智力為標準，其去治本則猶遠也。

——《歐洲政治革進之原因》

政策之為物，不能各各離立。此策與彼策之間，聯屬至為緻密，先決問題，層層相覆，突然就一事以翹示己之所主張曰，吾欲云云，雖說理極完，措慮極密，而當局恆覺其拘墟。卽立言者一日身當其衝，或且不免啰然自以為可笑。

——《政治之基礎與言論家之指針》

政策之逮議，愈閱歷而愈不敢妄發；蓋深有感於適應時勢之不易易，而斷不敢為無責任之言。攻人短，翹己長，以賣聲名於天下。

——《政治之基礎與言論家之指針》

其抵欲運用現代的政治，其必要之條件：一，有少數能任政務官或政黨首領之人，其器量學識才能譽望，皆優越而為國人所矜式。二，有次多數人能任事務官之人，分門別類，各有專長，執行一政決無隕越。三，有大多數能聽受政譚之人，對於政策之適否，略能了解，而親切有味。四，凡為政治活動者，皆有相當之恆產，不至借政治為衣食之資。五，凡為政治活動者，皆有水平線以上之道德，不至擲棄其良心之主張而無所惜。六，養成一種政治習慣，使卑劣闒冗之人，不能自存於政治社會。七，在特別勢力、行動軼出常軌外者，政治家之力能抗壓矯正之。八，政治社會以外外之人人，各有其相當之實力；既能為政治家之後援，亦能使政治家嚴憚。具此諸條件，其可以語於政治之改良也已矣。

——《政治之基礎與言論家之指針》

政治問題，無一不為抽象的。必經種類之綜合比較，始能評判其得失；此決非幼稚之民所喜，亦決非幼稚之民所能也。

——《說幼稚》

夫革命必有所藉口，使政府施政而能善美，無授人以可攻之隙，則煽動自較難為力。然革命後驟難改良政治，殆亦成為歷史上之一原則。

——《革命相繼之原理及其惡果》

夫社會以分勞為貴，吾豈謂欲勸全國之人才，皆求為自動而不屑為被動。雖然，舉全國人才而皆為被動，則國家事業之萎悴，果當何似者！夫我國近年來只能產極幹練之事務家，而可稱為政治家者殆不一二覯。

——《作官與謀生》

吾以二十年來幾度之閱歷，吾深覺政治之基礎恆在社會。欲應用健全之政論，則於政論以前更當有事焉；而不然者，則其政論徒供刺激感情之用，或為剽竊干祿之資。無論在政治方面，在社會方面，皆可以生意外之惡影響，非直無益於國而或反害之。

——《良知與學識之調和》

凡一切政治及從政者之公私言論行動，在在皆生莫大之影響。

莊生曰："其作始也簡，其將畢焉必鉅。"愛國之政治家，知乎政術之直接間接關係於國俗者如此其重也？又知乎國俗之臧否為國命存亡之所攸決也？故自始於擇術焉慎之。野心之政治家不然，恆務利用國民性之弱點，以成一己之功名；而其操術之種類，又緣其所處之地位而各有異：其一，則煽動派之野心家，利用國民之易馳騖於感情也，則挑撥以激發之；利用國民不能辨別事物之眞相也，則謠諑以搆扇之；利用國民之羌無實而好自大也，則造為夸誕之詞以自矜耀，以譁世而駭庸衆也；利用國民之惡秩序而樂恣肆也，則躬為無賴之行以倡導之，以自廣其聲氣；利用國民之畏事而憚捍禦也，則以恫喝行襲取以威偪行裏脅也：若此者，苟其見機敏而操技神，則可以歐天下之人由靜而之動；天下動而野心家受其利焉！其一，則操縱派之野心家，利用國民之好虛榮也，則設好爵以縻之；利用國民之嗜貨利也，則懸重賄以啗之掉此二具，而天下英雄，不入彀中者，則既寡矣。亦既入焉，則雞虫得失間，別有天地，營營焉足以了其一生，而上指天下畫地之態，不期而息也！

——《罪言》

夫久靜則政象凝滯而不進，動之宜也，儻供野心家之利用而動，則動焉，而於政象之革新無與。非直不能革新，重以棼亂而已。久動則政象蜩唐而無紀，靜之宜也；然供野心家之利用而靜，則靜焉，而於政象之改進無與。非直不能改進，重以腐敗而已。野心家之舉措，其直接影響於政象者，則既若是；然彼其操術既以利用國民弱點為成功祕訣，其結果能使全國人之弱點日益發達，而優點乃至斲喪以盡。牿之反覆，並幾希亦不能自存。國民品格墮落，達於極度，而國遂淪胥以敗；中外古今之亡國者，未或不由斯道也。

——《罪言》

政治之為物，其在一國中實有不可抗力；在惡政治之下，而欲良社會之出現，其道無由。

——《罪言》

政治之用，凡以救時而已！審理固貴擇中庸；及其施於有政，則恆必熟審本國之歷史及其現狀，與夫外界之情實，而謀所以因應之。則於此兩義者，不能不有所畸重，亦自然之數也。

——《中國立國大方針》

吾國政治之敝，不在煩苛而在廢弛。夫煩苛者，專制之結果；而廢弛者，放任之結果也。緣專制之結果而得革命，則革命後當藥之以放任——歐洲是也。緣放任之結果而得革命，則革命後當藥之以保育——吾國是也。若以放任承放任，是無異以水濟水，廢弛之後，又廢弛也。國其能國乎？

——《中國立國大方針》

夫革命之職志，本以政治方面為主，以種族方面為輸；及其成功，則彼方面甚易，而此方面乃大難者，無他故焉，實由人民與國家關係之薄弱致之。人民與國家關係曷為薄弱，凡未行保育政策之國，其結果應如是也。

——《中國立國大方針》

以放任為治者，政府之職簡；以保育為治者，其職繁。以放任為治者，政府之責輕；以保育為治者，其職重。理繁務而荷重責，非强有力焉固不可矣。所謂强有力之政府者有兩義：一則，對於地方而言中央。地方之權，由中央賦予者，政府之强有力者也。中央之權，由地方賦予者，其非强有力者也。二則，對於立法府而言行政府。行政府人員，自立法府出，而與立法府融為一體者，其最强有力者也。雖非立法府出，而能得立法府多數之後援者，其次强有力者也。與立法府劃然對峙，而於立法事業，絲毫不能參與者，其非强有力者也。並行政事業，猶須仰立法府之鼻息者，其最非强有力者也。

——《中國立國大方針》

凡政治現象根於歷史上事實者，恆什八九，而理想所構成者什不得一二；即欲以理想構成之，亦必此理想深入人心，廣被於全社會，漸成為事實。然我據此事賓為基址，而新現象乃得發生。此非期以極綿遠之歲日不能為功也。

——《中國立國大方針》

政務之種類性質不同：其宜集焉者，則集之惟恐不堅；其宜分焉者，則分之惟恐不細。以言夫集，則集之於唯一之中央政府；以言夫分，則分之於無量數之城鎮鄉。兩極端同時駢行，不相妨也，適相濟也。

——《中國立國大方針》

國家之置政府，非以為美觀也，將以治事焉。故人民之對於政府也，宜委任之，不宜掣肘之；宜責成之，不宜猜忌之。必號令能行於全國，然後可責以統籌大局；必政策能自由選擇，然後可以評其得失焉；必用人有全權，內部組織成一系統，然後可以觀後效也。

——《中國立國大方針》

今後建設之業，必以能得良政府為前提；如其能得良政府也，固當畀之以廣大鞏固之權，使之得盡其才以為國宣力。如其不得也，則雖過事牽制之，而所能補救者幾何？

——《中國立國大方針》

脆薄之政府，不能病民，吾有以明其決不然也！然以行病民之政則有餘，以行利民之則政不足；故其道為兩失也。

——《中國立國大方針》

夫國家某種機關，應有某種權限，此自為一問題；應以何種人物掌何種機關，與夫當由何道以得適當之人物，此又別而一問題。將暫時的人物與永久的機關併為一談，持論未有能通者也。

——《中國立國大方針》

凡其人能為一大政黨之首領者，不特學識才略優異而已，即道德亦必有以過人；此非有他道焉以致之焉，蓋自然淘汰之結果使然。蓋政黨者，非個人所能私有也；政黨首領之地位，非個人所能自薦也。僉壬之人，傖野之夫，多數黨員豈肯戴之為首領者，則其人在黨中決不能占地位；若以一政黨而戴此輩為首領，黨勢何從發達？則其黨在國中決不能占地位。

——《中國立國大方針》

政黨之為物，以政治上公共之目的而結合者也。官僚勢利之集合，不過借此以達個人之目的；而別無所謂公共目的者存，故不得謂之政黨。政黨之目的，以正大光明之手段相競爭者也。祕密結社，雖或含有政治上公共目的，而手段不歸於正。故亦不得為之政黨。

——《中國立國大方針》

大抵一國之政治問題，雖日出不窮，而政治家所討論、抉擇之方針，略有定式。或主漸進或主急進，或務規遠大，或務固根基；誠能為系統的研究，則無不可以一主義貫諸問題。其偶有一二事之鑿枘，則小異而取大同足矣！故論政黨之本性，則兩黨對峙，乃其正軌；而小黨分立，不過其病徵耳。

——《中國立國大方針》

今欲使全國民稍具共和國民之資格，使其優異者能自效於共和之建設；且勿責以精粹之學識與卓絕之技能也，而於國家之性質如何？作用如何？國民與國家之關係如何？其責任如何？共和政府之形態如何？其所以異於疇昔之專制者如何？世界大勢如何？我國現時所處地位如何？將來所希望之地位如何？諸如此類，非日强聒於國民之側，使之浸淫領會；則雖有一二英傑，亦誰與共此國者？然若何而能使此種常識廣被於多數人，此政治家之責任也。

——《中國立國大方針》

無論何時何國，其宰制一國之氣運而禍福之者，恆在極少數人士。此極少數人士，果能以國家為前提，具備政治家之資格，而常根據極强毅的政治責任心與極濃摯的政治興味，黽勉進行，則雖至危之局，未有不能維持；雖至遠之塗，未有不能至止者也。

——《中國立國大方針》

凡為政者，必先慎察國家所處之地位，所過之時勢，乃就國民能力所及，標準之以施政，然後其政策乃非託諸空言。

——《政府大政方針宣言書》

政策如機器，輪輪相銜，齒齒相屬，萬不能專顧一方面，而偏置他方面。故欲舉一政，其勢必牽連及於他政。以理論之，非百廢具舉，則欲舉一焉而幾不可得。雖然，若騖廣而荒，而竭蹶於其力之所不逮，則非至百舉具廢焉而不止也。

——《政府大政方針宣言書》

每舉一政，恆必有一種或數種之法律以作之標準；若法律未布，則無所遵循，雖有方針，將安所麗？

——《政府大政方針宣言書》

凡天下事原動力太過，必生反動；反動太過，又生第三次反動。如是四次五次，相引可以至於無窮。凡百政象皆然，不獨司法也。

——《呈請改良司法文》

夫國家主義不過起於百年來而極盛於今日，自今以往，能永持此盛象與否，殊未可知。卽以今日而論，國家之基礎，豈不在個人？分子不純良而欲求健全之團體，其安得致。

——《孔子教義實際裨益於今日國民者何在欲昌明之其道何由》

今世立憲國，君主無政治上之責任，不能為惡；故其賢不肖，與一個之政治無甚關係。惟專制國則異是：國家命運，全繫於宮庭，往往以君主一人一家之事，而牽一髮以動全身，致全國億兆悉蒙痛毒。

——《朝鮮滅亡之原因》

凡人羣之初起也，必有一種野蠻的自由；政治之第一級，在使人脫離此等蠻性蠻習。故彼時之國家，不可不首立政府定法律，以維持一羣之平和秩序。不可不鞏固主權，以禦外侮而弭內搆。非用强力行威權安能致此？夫惡法律雖不及善法律，然猶愈於無法律；惡政府雖不及善政府，然猶愈於無政府。故當人羣進化之第一期，但求有法律有政府而已；至其善惡優劣，暫可不問。

——《地理與文明之關係》

夫所謂進化第一期必要專制者，其事固自有程度，其時固自有限制；苟逾其程、越其限而猶用之，則不為羣益，反為羣害，勢所必然也。蓋專制之效力，在使內部人民愛和平、重秩序，養成其服從法律之風也。旣平和矣，旣秩序矣，自治之習慣習成立矣；於此時也，則政府當減縮其干涉之區域，以存人民自由之範。人文愈開，則此範圍愈當擴充。于是政府與人民之權限，不可不確定焉。非特禁人民之互侵自由而已，而政府亦不得自侵之。蓋人羣進化之第二期，所重者不在秩序而在進步；而欲使人民進步，必以法律保護各人之權利，使其固有之勢力，得以發達，實為第一要義。

——《地理與文明之關係》

有國者而欲固其位，則莫如伸民權；有官者而欲保其祿，則莫如伸民權。彼民非必樂於爭權也，而無如處今日生存競爭優勝劣敗之世界，非藉民權無以保國權，國權一失，而國民之身家性命，隨之而亡。泰西各國民之爭權也，皆所以自保其身家性命也；而中國憂時之君子，所以汲汲然以此義相提倡者，誠有鑒於今日天下之大勢，而知其不可以已也。故倡民權之人，其心地最純潔，而必無一毫利己之私心存乎其間；其所求者，惟在伸權，權一伸，而迅雷烈風之行，變作光風霽月之態矣。為君相者，如遇民之爭權也，其所以善待之者，惟有一法，曰因而伸之而已！

——《上粵督李傅相書》

天下無論何種政策，莫不同時有利害之兩方面。緣此而論治者往往各有所主張，而中間容有辯論之餘地，蓋各國之所同也。

——《與上海某某等報館主筆書》

鄙人素來持論，謂對外不恃而恃實力；所謂實力者非他，卽先設法求得一良政府，將內治整頓完備是也。故以為全國言論界，惟宜合全力以攻擊現在之惡政府，使之雖欲戀棧以敗壞國事，而有所不能；一方面則以穩健之智識灌輸國人，使之有組織良善政府之能力。此着辦到，然後對外乃有可議；而不然者，徒日日怒罵外國人之謀我，甚無謂也。

——《與上海某某等報館主筆書》

若夫以現在冥頑不靈之政府，而語之以積極的對外政策，則其危險抑更甚焉。政策之當否，固屬於別問題，且勿其論；卽使有極良之政策，而一落現政府之手，則未有不生出極惡之結果者，故立言又不可不慎也。

——《與上海某某等報館主筆書》

今世之識者，以為欲保護一國中人人之自由，不可不先保護一國之自由；苟國家之自由矣，則國民之自由是無所附。當此帝國主義盛行之日，非厚集其力於中央，則國家終不可得安固；故近世如伯倫知理之徒，大唱國家主義，以為人民當各自犧牲其利益以為國家，皆此之由也。今世之國家，使全國如一軍隊然，軍隊中之不自由亦甚矣，而究其實，則亦為全隊之利益而已。

——《答某君問法國禁止民權自由之說》

凡腐敗不進步之政治，所以能久存於國中者，必其國民甘于腐敗不進步之政治，而以自卽安者也。

——《政聞社宣言書》

夫以常理論，則天下決無樂專制之國民，此固吾之所能信也。雖然既已不樂之，則當以種種方式，表示其不樂之意思；苟無意思之表示，則在法謂之默認矣！凡專制政治之所以得行，必其藉國民默認之力以為後援者也。苟其國民對於專制政治有一部分焉為反對之意思表示者，則專制之基必動搖；有大多數焉為反對之意思表示者，則專制之跡必永絕：此徵諸歐美日本歷史，歷歷而不爽者也。

——《政聞社宣言書》

欲國民政治之現於實，且常保持之而勿失墜，善運用之而日向榮，則其原動力不可不還求諸國民之自身。其第一著，當使國民勿漠視政治，而常引為已任；其第二著，當使國民對於政治之適否，而有判斷之常識；其第三著，當使國民具足政治上之能力，常能自起而當其衝。

——《政聞社宣言書》

政治團體，非得國民多數之贊同，則不能有力；而國民苟蔑視政治，如秦越人之相視肥瘠，一委諸政府而莫或過問，則加入政治團體者自寡，團體勢力永不發達，而其對於國家之天職，將無術以克踐。故為政治團體者，必常舉人民對於國家之權利義務，政治與人民之關繫，不憚曉音瘏口，為國民告；務喚起一般國民政治上之熱心，而增長其政治上之興味。

——《政聞社宣言書》

政治團體之起，必有其所自信之主義，謂此主義確有裨於國利民福，而欲實行之也；而凡反對此主義之政治，則排斥之也。故為政治團體者，既有政友，同時亦必有政敵；友也，敵也，皆非徇個人之感情，而惟以主義相競勝。其競勝也，又非以武力，而惟求同情：雖有良主義於此，必多數國民能知其良，則表同情者乃多；苟多數國民不能知其良，則表同情者必寡。故為政治團體者，常務設種種方法，增進一般國民政治上之智識，而賦與以正當之判斷力。

——《政聞社宣言書》

政治團體所把持之主義，必非徒空言而已，必將求其實行。其實行也，或直接而自起以當政局，或間接而與當局者提携。顧無論如何，而行之也必賴人才；苟國民無多數之政才以供此需要，則其事業或將蹶於半途，而反使人致疑於其主義。故為政治團體者，常從種種方面以訓練國民，務養成其政治上之能力，毋使貽反對者以口實。

——《政聞社宣言書》

我中國國民，久棲息於專制政治之下，倚賴政府，幾成為第二之天性，其視政府之良否，以為非我所宜過問。其政治上之學識，以孤陋寡聞，而鮮能理解；其政治上之天才，以久置不用而失其本能。故政府方言預備立憲，而多數之國民，或反不知立憲為何物！政府玩愒濡滯，既已萬不能應世界之變，保國家之榮，而國民之玩愒濡滯，視政府猶若有加焉！丁此之時，苟非相與鞭策焉，提絜焉，急起直追，月就日將，則內之何以能對於政府而由民義？外之何以能對於世界而張國權也？則政治團體之責也！

——《政聞社宣言書》

凡政府之能良者，必其為國民的政府者也。曷為謂之國民的政府？卽對於國民而負責任之政府是也。國民則夥矣，政府安能一一對之而負責任？曰，對於國民所選舉之國會而負責任，是卽對於國民而負責任也。故無國會之國，則責任政府終古不成立；責任政府不成立，則政體終古不脫於專制。

——《政聞社宣言書》

地方團體自治者，國家一種政治機關也。就一方面觀之，省中央政府之干涉及其負擔，使就近而自為謀，其謀也必視中央代謀者為易周。此其利益之及於地方團體自身者也。就他方面觀之，使人民在小團體中，為政治之練習，能喚起其對於政治之興味，而養成其行於政治上之良習慣。此其利益之及於國家者，蓋益深而且大。

——《政聞社宣言書》

吾主張政治革民[1]論，非濬發國民之辨理心不可；而國民辨理心既發達：則無論治學治事，皆從實際着想，條理自趨於緻密，而能為國中養成多數實行之才。彼主張種族革命論，非挑撥國民之感情不可。國民奔於極端之感情，則本心固有之靈明，往往為所蒙蔽，求學者或厭伏案而日言運動，治事者不審條理而輒盲進。小有

[1] “革民”，疑為“革命”。——編者註

成就，而愈益其囂張；小有挫折，而遂至嗒喪。其究極也，只為國中養成多數空論之輩。此其難易之差也。不寧惟是，彼以感情煽人，則只能收拾狂奔於感情者流；我以辨理心動人，則并能獲有辨理心者之相助。凡狂奔於感情者，多無實力；而有辨理心者，其實力必富。以固有之成分為基礎，其勢已優於彼，復因此成分而擴張滋長焉！

——《答某報第四號對於本報之駁論》

革命黨何以生？生於政治腐敗。政治腐敗者，實制造革命黨原料之主因也！政治不從人治之所欲惡，不能為人民捍患而開利，則人民於權利上得起而革之，且於義務上不可不起而革之。

——《現政府與革命黨》

人民於政治上之認識，有緣觀察之精確而進於前者，有緣關係之痛切而進於前者，有緣識想之普及而進於前者。所謂緣觀察之精確而進於前者何也？同一政治也，有在昔不以為腐敗，而在今以為腐敗者，非不腐敗於昔而腐敗於今也，本腐敗而未之知焉如敗菌之病，自醫術未進步以前，已存於人身而莫或知也，及近世學說昌明，人民漸知為政府者，當負若何若何之責任；其不盡此責任者，即腐敗者也。又飫聞他國之政治，內返而與之比較：人之政府所有事者若何，我之政府所有事者祖人若何？恍然曰：是固腐敗於彼什伯也。此其認識之進焉者也。所謂緣關係之痛切而進於前者何也？疇昔政治腐敗之結果潰於內耳；潰於內則猶有戡定恢復之期。楚弓楚得於全體之利害，不至生異動。今則舉其國出而立於世界物競之衝，我退則彼進，而彼既進，即無復我駢進之地；我敗則彼勝，而彼既勝，即無復容我再勝之時。於經濟上之權力有然；於政治上之權力亦有然。人民之所以資主者，日削寸焉，月削尺焉，憔悴困頓，剝於肌膚，行愁坐歎，莫識所由。還觀夫外人之與我接者，則挹之若不竭，乃知彼蓋紾我臂而奪之食也。而土地之日蹙百里與，夫同胞父兄子弟之見係累而為奴虜者，又歲觸於耳目也。雖其中智，亦能略措思而察其所由，曰政府宜為我捍患者也，今若此誰之罪也？此其認識之進焉者又一也。所謂緣識想之普及而進於前者何也？前此政府腐敗之實狀，非必其能自掩覆也，而人民之注意以詗之者少，即有一二，曾不足以自張其軍。及夫交通漸開，智識交換，有所聞見，奔走相告。地極之山陬水澨，人下至屠豎販夫，靡不曰有所知；傳諸十口，而政府腐敗之迹，雖欲揜覆而末由。此其認識之進焉者又一也。坐此三因，故人民之不信任政府，且怨毒政府也，其程度日積而日深，其範圍則日煽而日廣。既已習聞先聖昔賢誅民賊仇獨夫之大義，又熟睹歐美近世史奮鬥決勝之成效；故革命思想，不期而隱湧於多數人之腦際。有導之者，則橫決而出焉；而其最大之起因，固無一不自政治腐敗來也。

——《現政府與革命黨》

革命之義有廣狹。其最廣義，則社會上一切有形無形之事物所生之大變動皆是也。其次廣義，則政治上之異動與前此劃然成一新時代者；無論以平和得之，以鉄血得之，皆是也。其狹義則專以兵力向於中央政府者是也。

——《中國歷史上革命之研究》

政治者何？國家目的之現於實者也。凡人類必有其目的：以充飢之目的而求食；以禦寒之目的而求衣；學生以求學之目的而入校；商人以營利之目的而適市；是也。國家亦一人格也；故其一切行動，必非漫然而已，必有其目的焉。

——《說政策》

不能使國家之目的現於實者，不得謂之政治。國家者，非自然人而法人也；故不能直接自使其目的現於實，而恆有待於其機關。倘機關不備，或司機關之人不依國家目的以行進，則有目的等於無有也。是故凡國家之行為，則名曰“政治”，此天下古今之通義也。

——《說政策》

政治者，由國家目的而演出者也；政策者，則求所以達此目的之一手段也。國家之目的：雖常同一，而所以達此目的之手段，則因地而異，因時而異；卽在一時一地，而因各人之所見，亦各各有異。此何故耶？蓋國家之目的，常在國家自身之利益；與國民全體之利益，固也。然國家之利益，與國民之利益，未必常能相合。卽曰國家之利益，與國民全體之利益常相合也，而與國民之一個人或其一部人之利益，總不能常相合；卽曰兩者永久之利益常相合也，而其暫時之利益，總不能常相合。于是乎雖同一目的，而所以達此目的之手段，往往懸絕。

——《說政策》

凡一切政治，莫不與人民有不可離之關係。其以謀人民發達之故而行焉者，其直接關係於人民者也；其以謀國家發達之故而行焉者，其間接關係於人民者也。政治之於人民，其關係旣若是之深厚，則人民之對於政治宜如何者，蓋可思矣。

——《政治與人民》

政治之目的，一以謀人民之發達，一以謀國家自身之發達；而其所以謀國家自身之發達者，亦其間接關係於人民者也。故人民非徒為一己之生命起見，不可不求得良政治；抑且為其所屬國家之生命起見，不可不求得良政治。蓋國家之生命苟不保，則一己之生命，決無所附麗也。而不良之政治，實為斲傷國家生命之斧斤，日日而伐之者也。

——《政治與人民》

凡行政者不可不負責任；行政者而不負責任，則雖有立法機關，亦為虛設。所公立之法度，終必有被蹂躪之一日；而治者與被治者之間，終不得協和，是立憲國所大忌也。

——《政治學學理摭言》

凡欲為國家建一政策，必當衡審事理，而毋或驅役於感情；當為百年久遠之謀，而勿作得過且過之計。言必慮其所敝，行必極其所終；凡百皆然，而外交亦其一也。是故施政之有方針者，如縣誠陳，則不可欺以曲直；如量誠立，則不可嘗以長短。吾自審吾國現在之位置若何，將來之祈嚮若何，先定一欲至之地，而慎擇乎所以致之之途。苟誠求焉，將必有當。大策既逮，則果志毅力以期其成。有障礙則曲折以赴之可也；有搖撼則鎮靜以持之可也。若無方針者則異是：自始未嘗為有意識之行動也，持一議而不審究其始卒，舉一事而不逆計其流變，樹一策而不揅折其條跗。為外境界風所激刺，忽焉有所舉措；激刺者轉其方向，又旁皇無所為計矣。為險艱困衡所逼迫，貿然有所蠕動；逼迫者弛其程度，又疲爾不能自振矣！

——《中國外交方針私畫議》

凡政治家有所計畫，必須以國家利害為前提。蓋政治也者，國家意思之現於實者也。苟所計畫者而非國家之利害，斯不得謂之政治矣。故政治家常須自念其身為國家之公人，將自己一身之利害與國家利害畫清界限。當其執行國家政務之時，則惟知國家之利害，而斷無或假國家之力以自牟其私利。此政治家首當具之條件也。

——《責任內閣與政治家》

凡政治家必須建立有一系統之政策，而務所以實行之。一切政治，無非為國利民福起見。然必如何然後國利民福可以致？是當策劃之。若此者謂之政策，有涉於全體之政策，有一時一事之政策。雖然，無論如何，其精神常須一貫，而其系統常須相屬。蓋政治也者，各種政務結搆而成之一種狀態也。

——《責任內閣與政治家》

政治者，人類之產物也；而一國之政治者，又一國國民之產物也。凡人類有普通性，故政治大體之良惡，其標準固不甚遠，凡一國國民有特別性，故政治細目之適否，其裁擇必因乎所宜。

——《中國國會制度私議》

人類不完全，而政治無絕對之美，既無絕對之美，則兩害相權取其輕，兩利相權取其重。多數有能力之人民，得參政權，其利甚重，而少數無能力者，濫竽其間，其害較輕：此普通選舉制得以成立之理由也。

——《中國國會制度私議》

進化與競爭相倚，此義近人多能言之矣。蓋宇宙之事理，至繁賾也，必使各因其才，盡其優勝劣敗之作用，然後能相引以俱上。若有一焉，獨佔勢力，不循天則以強壓其他者，則天演之神能息矣！故以政治論，使一政黨獨握國權，而他政黨不許容喙，苟容喙者加以戮逐，則國政未有能進者也。

——《論中國學術思想變遷之大勢》

夫政治固以最大多數之最大幸福為目的者也。國中最大多數者，非人民而誰？人之本性，莫不好其利己者，而惡其害己者，故以此權歸之，其必能盡此責任無疑也。

——《樂利主義泰邊斗沁之學說》

三、國　家

國家是由事實的要求纔產生的，國家是在民衆意識的基礎上纔成立。

——《學術演講集》，第二輯第十五頁，《先秦政治思想》

凡向來不成問題的事情，忽然成了問題，是國民思想活躍的表徵。

——同上，第一輯第六十五頁，《評非宗教同盟》

凡一國民在一時期內，只能集中精力以完成一事業；且必須如此，然後事業可以確實成就。

——《清代學術概論》，第一七三頁

須知我等說要愛國，並非因愛國是當今一種美名，說來湊熱鬧；實覺得非將國家整理起來，身家更無安全發達之望。

——《國民淺訓》，第一頁

我等從早至晚，一舉一動，何處不仰國家之保護者；尤當知今日為生計競爭之世，各國人民，虎視耽耽[1]，恨不得紾別國人之臂，而奪其食。

——同上，第二頁

[1] 今作“虎視眈眈”。——編者註

生當今日，而無完全之國家為我保護，決不能以自存。今日各國國民之相持，如臨戰場，不進則退，不生則死，在人則到處有國家以為之後盾。

——同上，第三頁

我國民事事都不讓人；獨有視國家事當作閑是閑非，不願多管之一念，實為莫大病根。此病根不除，國家終無振興之日；國家不振，而欲身家安全發達，此必不可得之數也。

——同上，第三頁

我國民當知愛國之理，與愛我同，與愛人異。人者本可以愛可以不愛，不過行吾慈悲以愛之而已；若我之愛我，則一毫不能勉强，一刻不能放鬆。夫我身固我也，我家亦我也，我鄉亦我也，我國亦我也；我一身不能獨活，有許多事非合一家之力不能辦到❶，故既愛我身卽不得不愛我家；又有許多事非合一鄉之力不能辦到，故既愛我身卽不得不愛我鄉；更有許多事非合一國之力不能辦到，故既愛我身卽不得不愛我國。

——同上，第三頁

國家之命，託於政府；而政府所以治安者，全賴法律。所以行政者全賴財賦。最患者，政府不恤民情，擅制殃民之法律，則民將不堪其病。

——同上，第六頁

愛鄉心擴而大之，卽為愛國心；故鄉土觀念，原至可貴者也。我國民此觀念甚强，其所以能相團結者頗賴此。雖然，此觀念若發達過度，又未嘗不為國家之害。

❶ “辦到”，當為“辦到”。——編者註

——同上，第十九頁

我等憑藉一國之力以與世界相見，固當毫無怯懦，毫無退卻。無論在平和時，在戰爭時，皆當挾渾身勇氣以赴之。雖然，又當常堂堂正正為實力之競爭，而不可雜以客氣，出以卑劣手段。

——同上，第二十一頁

吾國歷年來有一種不健全之愛國論，最足為國家進步之障者，其說曰："我國為文明最古之國，我民為德性最美之民；泰西學說，多為吾先哲所見及，其大本大原，遠不啻我；若夫形而下之技術，則采之易易耳。至其禮教風俗，則更一無足取；吾但保存吾國粹而發揮之，斯足以為治矣。"

——同上，第二十五頁

民主主義的國家，徹頭徹尾都是靠大多數國民，不是靠幾個豪傑。

——同上，第七十二卷第十八頁，《歐遊心影錄節錄》

我們中國人最大的缺點，在沒有組織能力，在沒有法治精神。

——同上，第二十三頁

組織團體，是人類獨具的良能，由小團集為大團，又是進化不易之軌。所以古來無論何國，都是從許多部落做起點，小部落集而成大部落，部落集而成國，小國集而成大國，直到十九世紀，算是國家主義全盛時代。主張這主義的人，便說"國家是人類最高團體，沒有別的團體能加乎其上"。

——同上，第七十四卷第十八頁

人類集團的擴張向上心，又出於天性之自然不能夭遏。把國家當作人類最高團體，這種理論，在今日蒸蒸日進的社會，究竟不能叫人滿意。即如個人相互間的利害衝突，當國家法律效力未確定的時候，動輒由復仇決鬭的手段解決。

——同上，第十九頁

民族站得住或站不住，就要看民族自覺心的强弱何如。所謂自覺心，最要緊的是覺得自己是“整個的國民”，永遠不可分裂、不可磨滅。

——同上，第七十六卷第二頁，《辛亥革民之意義與十年雙十節之樂觀》

我們自古以來，就有一種覺悟，覺得我們這一族人像同胞兄弟一般，拿快利的刀也分不開。又覺得我們這一族人，在人類全體中關係極大，把我們的文化維持擴大一分，就是人類幸福擴大一分。這種觀念，任憑别人說我們是保守也罷，說我們是驕慢也罷，總之，我們斷斷乎不肯自己看輕了自己，確信我們是世界人類的優秀分子，不能屈服在别的民族底下。這便是我們幾千年來能彀自立的根本精神。

——同上，第二頁

我對民國十年來生產事業的現象，覺得有一種趨勢最為可喜，就是科學逐漸占勝。科學的組織，科學的經營，科學的技術，一步一步的在我們實業界中得了地盤。此後凡屬非科學的事業，都要跟着時勢，變計改良，倘其不然，就要劣敗淘汰去了。

——同上，第六頁

一國裏頭，若是有一部分人專拿兵來當作職業，那麼，有槍階級和無槍階級，自然會劃出一個大鴻溝來，這鴻溝顯露之後，若不設法塞住，結果非鬧至人民死絕、國家亡掉不可。

——《無槍階級對有槍階級》

國民當國家安寧的時候，要有繼續不斷的經常運動，然後政治上病的分子不至發生。國民當國家艱危的時候，要有急起直追的非常運動，然後內部發生或外部襲來之政治上病的狀態，可以減輕或消滅。

——《外交歟內政歟》

國民若使永遠專持“否定”的態度，沒有積極的主張拿出來，恐怕成了世界上虛無的國民便完事了。

——《外交歟內政歟》

吾國史蹟中，對外雖無雄略，且往往受他族蹂躪，然始終能全其祖宗疆守勿失墜，雖百經挫撓而必光復舊物者，則亦墨子之怯於攻而勇於守，其教入人深也。而斯義者，則正今後全世界國際關係改造之樞機，而我族所當發揮其特性以易天下者也。

——《〈墨子學案〉第二序》

國民能力集注於一事業時，對於他事業之能力，自不免減殺。且在某時代中為完成某種事業起見，產生出種種制度，此制度還影響於國民心理；迨時代之需要既去，而制度之遺蛻仍存，則國民能力，必為此種逾時失效之制度所限制，而萎縮其一部分。

——《歷史上中華國民事業之成敗及今後革進之機運》

萎縮非滅絕之謂。凡國民既有能力曾完全一大事業者，卽足為並非不能完成他種事業之反證。但其能力為潛伏的，往往非俟環境起一大變化後，不能衝動發展。

——《歷史上中華國民事業之成敗及今後革進之機運》

國民能力之發動，恆借反撥力為導線，無反撥力，則本能或永遠潛伏，且致萎縮。

——《歷史上中華國民事業之成敗及今後革進之機運》

“中華民國”一名詞之成立，卽中華國民在人類進化史上之一奇績也。夫世界上之國民亦多矣，吾何為獨以此自奇，須知以如此龐大之民族，散布於如此廣漠之國土，數千年繼繼繩繩，日征月邁；在我民固視之若素，然以世界史的眼光觀察之，實邈然更無匹儔。而我國民過去之精力，蓋什有九消耗於此間；別方面事業之所以停頓，其總根源實坐此。

——《歷史上中華國民事業之成敗及今後革進之機運》

吾儕治西洋史，當知有所謂“中世黑暗時代”者：此時代所閱凡千二百餘年；其社會狀況如其名，文化一切停滯，政治日在擾攘不安之中；凡讀史者，率厭棄之。雖然，當知此時代在全部世界史中有一絕大之價值焉：蓋現在歐洲各國之國民，皆於此時代胎孕醇化，確立其“國民的”基礎；專為此一大事，耗其全部之精力，不遑他及；故政治上、學術上、文藝上更無一優異之點而稱道。然而經此一度胎孕醇化以後，各國國民的特性，完全成就；故一入近世，舉其千年間磅礴積者，次第盡量發揮，則光華驟發，沛然莫之能禦。由此觀之，千餘年之黑闇，非其人根性劣薄所致，蓋“形成國民”之一大事業，比諸比何事業皆倍極艱辛；譬諸個人，自處胎、出胎、襁褓、總角以逮成年，凡種種有意識無意識之作為，皆不過將來之預備；雖無甚成績足記錄，然所費奮鬬自立之工，實占全生涯重要之一部分。一國民之自立於世界，亦如是而已。

——《歷史上中華國民事業之成敗及今後之革進之機運》

疇昔外人，動以老大帝國誚我，以吾觀之，乃適得其反；天下惟早熟者始早老，以吾國民器宇之偉大，其熟也自不得不遲；蓋此“中華國民”之一人格，直至最近百數十年間，開始漸達於成年；前此百難千災，幸不夭折，今乃儼然壯夫矣。

——《歷史上中華國民事業之成敗及今後革進之機運》

我國民能擔歷爾許艱瘁，自擴大其民族而完成之，就事業本身論，其為一種大成功，固甚易明。究竟此種事業，在人類史上有價值否耶？質言之，對於人類全體進化之貢獻，能認為一種成功否耶？吾敢直答曰，“然也”。人類進化大勢，皆由分而趨合；我國民已將全人類四分之一合為一體，為將來大同世界預築一極强之基礎，其價值一也。凡大事業必由大國民創造，取精由宏，理有固然；徵諸史蹟，未始或忒；我國民植基既廣厚，將來發攄必洪大，其價值二也。

——《歷史上中華國民事業之成敗及今後革進之機運》

我國民大成功之根本理想，則世界主義也。“國家”一語，有若何特別重大之價值，我國民殆不甚理解。我國倫理之系統，曰修身、齊家、治國、平天下。以個人為起點，以世界為極量，而國家則僅與家族儕伍，同認為進化途中之一過程。故其所最樂道者，曰“天下一家”，曰“四海兄弟”，其所以汲汲焉務醇化異族者，非認為權利，乃認為義務。

——《歷史上中華國民事業之成敗及今後革進之機運》

我國民不見有世界，不見有國家，故凡人類因有國家所受之惡結果，我國民受之殊鮮；雖然，同時人類因有國家所受之結果，我民受之亦鮮焉。此種世界主義的理想，我國民五千年來，皆恃此為成功之一大根源。

——《歷史上中華國民事業之成敗及今後革進之機運》

考階級之興，大抵起於異民族相互間，或戰勝於外，俘敵為奴，或侵入者對於原住民不屑與伍，或對於流寓寄棲之族，別立限制，大抵血族的自慢性為其主因，而宗教的排軋性輔之。我國民則此等觀念根本不存，故所謂階級者亦根本不能成立。

——《歷史上中華國民事業之成敗及今後革進之機運》

就大體論之，自漢以來，國民之公私權乃至生計的機會，皆可謂一切絕對的平等。此龐然四萬萬之大族，所以能摶捖不破裂者，職此之由，此其所長也。然我國民坐此失敗者亦數端焉：其一，近世代議制度之逮立，實以階級精神為中堅；既未能發明更優於代議制度之政制，而我以絕無階級根據之國向人效顰，勢必以失敗終了。其二，人類之互助性，恆發起於局部的而漸次擴大；又必有所對待，然後團結力始增；就此點觀察，則階級之為物，實為人類進化不可缺一之工具；我國民以絕無階級故，全國成為平面的，反散漫而末❶由摶捖。其三，現代新階級發生，全以"生計的"地位為分野，前此之血族的宗教的階級，已成陳跡；我國民雖未受舊階級之毒，然今後新階級之發生，終不能免，所謂"絕對平等"者，權衡將破；不別謀所以順應之，其敝或視他國更甚。

——《歷史上中華國民事業之成敗及今後革進之機運》

我國民之中庸妥協性，世界無兩也。無論對個人對社會，對自然界，最能為巧妙的順應，務使本身與環境相妥協；而其妥協，且比較的常為"合理的"，此中國人一種特別天才也。其竅妙之點，則在萬事不走極端，而常範以中庸。

——《歷史上中華國民事業之成敗及今後革進之機運》

我國民不肯為極端的確執故，故個人之道德，最尚者"隨遇而安"，政治之極言，最貴者"禮讓為國"。坐是其包容函孕之力極大，若汪汪千頃之波，無所不受，魚龍雜遝，砂石堆礌，而不相衝礙也。故含納種種民族、種種宗教，而皆相忘於江湖，未或齟齬破裂；天災人禍，無歲無之，而一一順受，不大蒙其摧折。

---

❶ "末"，疑為"未"。——編者註

——《歷史上中華國民事業之成敗及今後革進之機運》

老氏之說，所謂“以柔道取天下”者，實我國民之最擅長也。以此之故，其所最貴者，厥惟秩序。務使其包含之種種異質與隨時變化之環境相應，常處于有倫有脊的狀態。急劇之革命事業，我國民所最不喜且最不慣也；故雖有革命，旋必以妥協終了，於社會根本組織，曾無影響焉。此種特性，為消極的保存作用計固甚優，為積極的發展作用計則甚劣。蓋事事務與環境相妥協，固不至蒙環境過劇之壓迫而自摧殘，然終亦無力以改造環境使之順應於我；則我之命運，强半為環境所左右。必俟環境自然改善，而我之地位乃始向上。夫所貴乎優等民族者，貴其常能以自力劈開生面，為人類全體進化之先導而已；我國民之消極妥協性，吾不敢謂其對於改善環境絕無效力，然其效力既甚緩而甚微，此又我國民過去失敗之一徵也。

——《歷史上中華國民事業之成敗及今後革進之機運》

國民思想之統一，此我國民一大成功，同時亦我國民一大失敗也。我國春秋戰國間，思想界最稱復雜；秦漢以後政治漸趨統一，而思想之統一亦隨之。其統一以孔子為中心，固也；然猶不能盡歸諸孔子，實則融合前此九流百家之思想，經一度中庸妥協，漸成為一種有體系之國民思想。其在宇宙觀，則崇拜自然也，信任命運也；其人生觀略如前所述，愛秩序也，重妥協也，厭干涉也，尊平等也，尚大同也；其演為制度者，則家族在各級團體中占最重要之地位，與國家齊伍，人人皆為家族之一員而負最大之職責也；政治與社會全然分離，政治恆委諸少數人之獨裁也：凡此等等，深入人心，不知不覺間，形成全國民普遍共有之思想。此等思想之本質為優為劣，固屬別問題；然所以能歷數千年以形成“中華國民”

者，必以此為根核，至易明也。因此之故，國民視其固有之傳統的思想，若神聖不可侵犯，而尤以其能統一自豪，一若思想之統一一破，卽民族與文化隨而淪亡，對此生無限疑懼焉。凡與固有思想稍涉衝突之思想，非惟不取以出諸口，且並不敢以措諸慮；不寧惟是，凡固有思想所演生之制度，在今日久已與環境不相應者，亦珍護之惟恐失墜。

——《歷史上中華國民事業之成敗及今後革進之機運》

凡人對於其所曾藉以成功之具，倍加眷戀，蓋情之常；前此我國民對於固有之思想及制度，倘非篤守珍護如彼其力，或者吾文化早被劣族蹂躪，或為自然界所壓迫淘汰，皆未可知。然一方面須知以思想統一制度固定之故，乃使全國人如同範一型，各人之個性，為此型所吞沒以盡；卽就過去歷史論，其損失固已不細。今民族既已完全形成，顛撲不破，前此統一所需工具，今已應在“功成者退”之列。思想分野之割據，决不至影響於民族之生存；若猶欲以統一的思想束縛個性，直自儕於劣敗之林而已矣。

——《中華國民事業之成敗及今後革進之機運》

我國民過去數千年之精力，大半盡費之於“形成國民”之一大事業，其“發達國民”之事業，今後方當着手。

——《中華國民事業之成敗及今後革進之機運》

我國民之形成，在人類全體上，有莫大之價值；其將來之發展，亦當有同等價值。

——《中華國民事業之成敗及今後革進之機運》

世界大同之理想，在過去為成功，在將來亦為成功；不必以目前之失敗介意，我國民宜常保持此“超國界”的精神，力求貫澈。

——《中華國民事業之成敗及今後革進之機運》

人類平等之具體的實現，為我國民對全人類三大責任；以本無階級之國，宜一面設法永杜階級之發生，一面於階級爭鬬以外，為世界人類別闢一“平和的平等”之塗徑。

——《中華國民事業之成敗及今後革進之機運》

國內現象之泯棼，皆由模範十九世紀之歐洲制度，不能學其所長而盡襲其所短；例如政黨政治、軍國主義等，皆為我國民性所不習，而其本質亦並非善良；我學之失敗，未足引為悲觀；今後但當善用國民性之所長，別開新路。

——《中華國民事業之成敗及今後革進之機運》

各國相競於擴張軍備，日夜無休息時。軍費遞年增加，常占國家經費全部什分之六七。科學之發達，强半應用之以改良軍械，陸海空各方面，咸研習相斫術；蓄養實力，惟恐後時而各國之治兵，各有其心目中所對待之國或數國，常比例之以為蒐討軍實之標準；故雖曰冠蓋往來，縞紵投報，實則剎那剎那間，常瞋目相視，互思所以扼其吭而剚刃於其腹，伺機卽發；其未發者，莫敢先動耳。若此者，無以名之名之曰“軍容的平和”。夫欲築平和之殿宇，而以軍容為之基礎，此何異以炸彈支牀，以棉藥為茵，而謀寢處侵息於其上？此其不容卽安，五尺之童所能睹也。

——《歐洲大戰史論》

夫旣國與國並峙而相競，惟廣土衆民者，乃能上人，此事理之至易明者也。旣以一民族組織一國家，苟其國家之容積與民族之容積適相脗合，而無復有一同族之民受治於他國，斯亦已耳；如其有之，則其外屬之族姓，恆思內嚮，而其族之宗邦，恆思外吸，此又自然之思也。

——《歐洲大戰史論》

夫以國供他人競爭之目的物者，逮競爭之勝負既決，則物有主而目的消滅；此其為自作孽不可活，固無論也。而以其醖釀競爭促進競爭之故，而競爭之兩造，固不得不蒙其害；律以春秋之義，雖謂之罪累焉可也。夫明乎民族國家主義發展之情狀，與國民生計劇競之大勢，則於今茲戰役之總原因，思過半矣。

——《歐洲大戰史論》

夫國之欲自存也，誰不如我地位相偪，而馴至利害不兩立，則竭全力以爭於毫髮之間，謀國者所宜爾也。

——《歐洲大戰史論》

嗚呼！我國民志氣之銷沈，至今日而極矣。當前清光宣之交，吾覩全國陰森之氣；吾既深痛極慟，嘗為之言曰："人人皆有我躬不閱遑恤我後之心，乃相率為且以喜樂、且以永日之態；以為此似暮氣充塞之國，纔焉其何以終日？"由今思之，彼時譬猶深秋，百卉萎黃，羣動淒咽已耳。至今日乃眞晦盲否塞，寒沍憯慄，含生之儔，幾全喪其樂生之心。舉國沈沈然；若歌薤露以卽墟墓。

——《大中華發刊辭》

全國人之心理，幾以中國必亡為前提。其大多數蚩蚩之氓，既懵然莫識禍難之所由來，與其所終極，惟宛轉愁歎於生計之艱難。弱者隨自然淘汰之勢，轉死溝壑；悍者黠者，攘奪騙竊，愍不畏死以徼目前。斯固無論矣，而號稱士大夫為全國全社會之中堅者，徒以懷抱中國必亡之心理故，而種種促之使亡之事實，乃因緣而發生。其血氣用事者，以為等是亡也，毋寧亡於吾手，如昔人所謂"時日曷喪，予及汝偕亡"，于是日謀搆亂煽禍，以破壞秩序。詰之曰："以若所為，足救國乎？"則應曰："吾知其不能也，吾快吾意而已。"此亡國心理之一種也。

——《大中華發刊辭》

夫人雖至愚，亦何至凡百不豫備而好為亡國之豫備？人雖至不肖，亦何至發憤以自力促其國之亡？而全國心理乃幾盡趨於是者，此無他故，彼其二十年來經歷內界之挫躓、外界之刺激，而中國必亡之想像，乃愈演而愈深，馴至盤踞人人心中而不能自拔。

——《大中華發刊辭》

國之成立，恃有國性：國性消失，則為自亡；剝奪人國之國性，則為亡人國。國之亡也，舍此二者，無他途矣。國性之為物：耳不可得而聞，目不可得而見；其具象之約略可指者，則語言文字、思想宗教習俗，以次衍為禮文法律。有以溝通全國人之德慧術智，使之相喻而相發；有以綱維全國人之情感愛欲，使之相親而相扶。此其為物也，極不易成；及其既成，則亦不易滅。豈惟不易滅，以物理學上質力不滅之眞理律之，蓋有終不得而滅者矣，是故東西古今已亡之國，或其本無國性不能稱為國者也；或其國性尚未成熟，而猝遇强敵，中道夭於非命者也；或有國性而自摧毀之者也；其國性已成熟不自摧毀而卒見亡者，未之或聞。

——《大中華發刊辭》

我國最近之將來，能保無擾亂乎？吾不敢言。能保領土無一部分喪失乎？吾不敢言。甚至能保行政權無一部分受掣肘乎？吾不敢言。獨其不至於亡，則吾敢言之。然但使能不至於亡，則吾國民所以自處而善其後者，既綽綽然有餘裕；我國民誠有此種明瞭堅强之自覺性，則所以保國者其必有道矣。

——《大中華發刊辭》

夫我國民曷為積年所希望、所懷想遽一空而無復餘，則以其所希望所懷想者，專屬於無根蔕、無意味之政治生涯。則其於自身前途之失望，固宜什入而八九；而對於國家前途之失望，則亦隨之。此所以舉國沈沈，悉含鬼氣也。

——《大中華發刊辭》

既已國於大地，則於萬國公仭之規律，更安得昧昧？夫既弱而不競矣，而又並公律之稍稍足資保障者而不識其用，是益自取削亡之道也。

——《國際立法條約集序》

吾聞之國家之所以競於外者，非直卿尹百僚所有事而已，而在共和國之國民。其參與外交之範圍亦加廣，使國民而缺乏外交學之常識，其直接間接以誤國家大計者，又豈知所屆？

——《國際立法條約集序》

國於今日之世界，而智、德、力三者與他國不能保持平準，則國家終必淪胥滅裂，無可逃避，此義亦夫人能言之。然欲舉其實，則眞所謂七年之病求三年之艾，負無窮之大任者，則今日在學校中之學生而已。

——《清華學校中等科四年級學生畢業紀念册序》

夫使先輩而能支柱此國家，則國家又何至有今日？既已不能，則無量數艱鉅之業，盡壓於吾儕之仔肩。

——《清華學校中等科四年級學生畢業紀念册序》

夫先輩所以不能支柱此國家，豈必其天賦之才力有所不逮？毋亦前此所學不適於新時代之要求，而知德力之發育，有所未盡也！先輩以大業付吾儕，為吾儕所以養成負荷此大業之能力；其用心則既苦，而責任亦略盡矣，而終能負荷與否，則吾儕之責也。

——《清華學校中等科四年級學生畢業紀念册序》

凡人必自知其所居之地位為何等，然後有自覺心，有自覺心，然後有責任心；有責任心，然後能踐其責任以有所成就也。若此者，個人有然，團體亦有然；故為國民者，不可不洞觀世界形勢，以求知本國所處之地位為何等？為政黨員者，不可不洞觀國中形勢，以求知本黨所處之地位為何等？

——《共和黨之地位與其態度》

今日中國之地位，乃立於可以進化，可以退化之中間；而進退惟國人所自擇者也。

——《到京後第一次歡迎會演說辭》

吾國人之惰力性，受諸先天而不易拔，事過境遷，遽復其舊。據鄙人歸國後觀察隱微，此惰力性已漸漸發現而侵入於多數人之心矣。其樂視者流，謂經此變革，國家當能自致太平，漠然不復知憂危，惟乘此以營其私計；其悲觀者流，謂紀綱法度，廢墜至此，人心風俗，敗壞至此；陸沈在即，無復可救，吾亦惟頹然自放，委心任運而已。此兩種觀察雖不同，要之其為惰力性則一也。實則樂觀者識量固陋下，悲觀者志行亦薄弱。從來國家之興衰，世運之隆替，皆由少數人以莞其樞耳；凡欲我就一事業者，必須責任心與興味心兩者具備。

——《到京第一次歡迎會演說辭》

和衷共濟，國民美德；今以奮鬬為訓，似與協和之精神相背，然奮鬬為成功之母。美國前大總統羅斯福常盛道之，以此振美國國民之精神焉。此不獨政黨為然，蓋人生實與奮鬬常相終始也。

——《蒞民主黨歡迎會演說辭》

一國之中，先知先覺者實居少數；其大多數，祇能見近而不知遠，見小而不知大，必俟先知先覺者之誥誡而後能知能覺者也。當其未知未覺之時，先知先覺者欲使之趨於進步之正道，其必有所不願而起反對；非有奮鬭之力量，又豈能知後知而覺後覺哉？先知先覺之所以有益於國民者，全恃此奮鬭之力量耳！

——《蒞民主黨歡迎會演說辭》

公民之於共和國，其責任之重，遠非君主專制國之人民可比。昔焉依賴一二人，置國事於不問；今焉國家大政，因全國公民之意思而决。此公民之地位所以為神聖也。

——《蒞北京公民會八旗生計聯合歡迎會演說辭》

夫國中政黨，常不止一，各以所見為是非。吾公民既有智識以判斷其是非，尤不可不備强毅之志氣，於判斷之後，進而實現其所信。蓋但有知識而無此志氣，决不能作共和國之中流砥柱也。

——《蒞北京公民會八旗生計聯合歡迎會演說辭》

共和國所以異於君主專制國者，其對於國家之根本觀念異也。君主專制國，以君主為主體，國家為客體；君主與國家成對待相。故以國家為君主所有物，而國人之奔走於君主權力之下者，亦皆認國家為其所有物，種種流弊，緣此而生。共和國之所以成立，由其人民皆知國家為一團體，為一法人。然團體、法人之義，非深明佛法者不能言其故也。

——《蒞佛教總會歡迎會演說辭》

夫國家者，視之無形，聽之無聲者也，而却有眞實之本體，歷刧常在。此本體立夫全國人民之上，而實存乎全國人民之中；指四萬萬人卽為中國不可也，離四萬萬人以求中國亦不可也。

——《蒞佛教總會歡迎會演說辭》

共和國之國民，人人有自由，卽當人人能服從；不然，勢成人人相抗之象，秩序危殆，將國不國。而欲養成此服從之德，在共和之國，舍教育以外，殊無他途可言；固不若專制之國，以威力脅迫人民服從，不問人民之能服從與否也。

——《蒞北京大學校歡迎會演說辭》

鄙人於萬事悲觀之中，默察近十餘年風氣變遷之潮流，及國人心理之趨向，則知吾國人具有一種特質，卽好善而能虛受是矣。

——《答禮茶話會演說辭》

天下事長短相依，利害相伏，吾國人性質之優點既若是，而弊亦隨之輕躁喜動，乏抉擇之力一也。暫動又止，不能為繼續秩序之進行二也。因此二弊，凡提倡風氣者，甲有甲說，乙有乙說，而附和之者，常不乏人。且社會之活動，常如水幻泡影，不移時而止。凡一種國民的活動，其始未嘗不見效，然社會及政府根本改造，不能生大影響者，弊皆在此。鄙人以為欲矯此弊，在國人之倡道而已。

——《答禮茶話會演說辭》

今日籌畫國家之大任，非一黨私見之所能盡也。對外問題，不能一二數，謂一黨之力能解決之乎？對內問題，不止一二數，謂一黨之力能解決之乎？以今日外界之逼迫，建設之艱難，雖合各黨之心思才力，尚猶恐有所未周；謂以一黨之力能轉運其間乎？今日黨之自待，與國人之待黨，恐不足見信。

——《答禮茶話會演說辭》

處今弱肉强食之世，非能競於外者不可以為國，此稍有識者所同知也。雖然，尤有一義焉：為國人所當常目在之者，曰外競固恃兵也；然非惟兵之恃，凡內政不修明之國，而能競於外，未之前聞。

——《軍事費問題答客難》

凡國家非有一機關焉，為國民信仰之中心，則決無從摠摶其民以維持其國。

——《國會之自殺》

人人皆知將來之局不堪設想也，則以不設想了之，于是乎人人皆無將來。夫國中人人皆無將來，而國家猶有將來，非所聞也。

——《一年來之政象與國民程度之映射》

我國雖積弱已甚，而國民常自覺其國必能巋然立於大地，歷劫不磨；此殆成一種信仰，深銘刻於人人心目中，而未由拔。故所謂某國黨某國黨者，終古決不能出現於我國中。凡以正義待我者，無論何國，吾皆友之；凡以無禮加我者，無論何國，吾皆敵之。

——《中日交涉彙論》

能相信則最易締親交；若相疑亦最易生衝突也。

——《中日交涉彙論》

國於天地，必有與立；國之所以與立者何？吾無以名之，名之曰“國性”。國之有性，如人之有性然：人性不同，乃如其面，雖極相近而終不能以相易也？失其本性，斯失其所以為人矣。惟國亦然，緣性之殊，乃各自為國以立於大地；苟本無國性者，則自始不能以立國。國性未成熟具足，雖立焉而國不固，立國以後而國性流轉喪失，則國亡矣。

——《國性篇》

國性無具體可指也，亦不知其所自始也，人類共棲於一地域中，緣血統之駢合，羣交之漸劘，共同利害之密切，言語思想之感通；積之不知其幾千百歲也，不知不識而養成各種無形之信條，深入乎人心，其信條具有大威德，如物理學上之攝力，摶捖全國民而不使離析也；如化學上之化合，鎔冶全國民使自為一體而示異於其他也。積之愈久，則其所被者愈廣，而其所篆者愈深。退焉自固壁壘而無使外力得侵，進焉發揮光大之以加於此，此國性之用也。就其具象的事項言之，則一曰“國語”，二曰“國教”，三曰“國俗”，三者合而國性彷彿可見矣。

——《國性篇》

國性可助長而不可創造也，可改良而不可蔑棄也；蓋國性之為物，必涵濡數百年，而長養於不識不知之間，雖有神聖奇哲，欲懸一理而咄嗟創造之，終不克致。

——《國性篇》

當國性之衰落也，其國人對於本國之典章文物紀綱法度，乃至歷史上傳來之成績，無一不懷疑，無一不輕侮，甚則無一不厭棄。始焉少數人耳，繼則瀰漫於國中；及其橫流所極，欲求片詞隻義足以維繫全國之人心者，而渺不可得。

——《國性篇》

國民既有一種特異之國性，以界他國而自立於大地；其養成之也，固非短時間少數人所能有功；其毀壞之也，亦非短時間少數人所能為力。而生其間者，苟常有人焉發揚淬厲之，以增美釋回，則自能緝熙以著光晶；而不然者，則積漸墮落，歷若於歲月而次第失其所以自立之道耳。

——《中國道德之大原》

古代國家統治權集於君主，國家抽象而難明，君主具體而易識，于是有忠君之義。然我國之所謂忠君，非對於君主一自然人之資格而行其忠，乃對於其為國家統治者之資格而行其忠。此其義在經傳者，數見不鮮也。故君主不能盡其對於國家之職務，卽認為已失統治國家之資格；而人民忠之之義務立卽消滅。

——《中國道德之大原》

一國之道德，必有其彼此相維之具；廢其一而其他亦往往不能以獨存。一國之信仰，國人恆終身由之而不知其道，一懷疑焉，而根柢或自茲壞也。

——《中國道德之大原》

無對抗力之國民，其起革命於國中也甚易；及其既起，而景從者必甚衆。何也？以平居無對抗力之故，聽强權者之自恣以成為專制；專制之下，其愁苦而思亂者，本十人而八九矣。徒以刧於專制淫燄之方張，不獲有所逞；然而能專制者，恆存乎其人，人亡而威弛焉。一弛，則梟桀者乘之而起矣。梟桀起則强權之中心點隨而轉移。以久習於服從强權之人，則視强權之所趨而膜拜於其後，固其所也。

——《政治上之對抗力》

人民於內政上失其對抗力，則國家於外交上，又未有能保其對抗力者也，舉國皆柔懦巧媚之民，政治現象與變愈下，外力乘之，待亡而已。

——《政治上之對抗力》

今欲鍛鍊吾民，使具足今世國民之資格，以競勝於外，必先之以整肅之治，然後能為功；則人民之行使參政權，自不必過其度。

——《憲法之三大精神》

一國所以能立於大地而日進無彊者，非恃其國民之智識也，而恃其品性。

——《歐洲政治革進之原因》

凡一國之所以與立者，必以少數之上流社會為之中堅；而此少數人品性之高下，即為一國榮淬所關。

——《歐洲政治革進之原因》

一國之所以立，必有其全國共同最高之信仰，於以控摶國民而鼓鑄之，然後其民乃得有力以自進於高明之地也。

——《歐洲政治革進之原因》

凡國民之活動，以感情為唯一之動機者，即程度幼稚最確之表示也。

——《說幼稚》

凡能合羣以成國，且使其國卓然自樹立於世界者，必其羣中人具有知己知彼之明者也。若是者，無以名之，名之曰“國民自覺心”。然欲使此自覺心常普徧而明確，則非國中之大君子常提命之而指導之不可。而欲舉提命指導之責者，其眼光一面須深入國羣之中，一面又須常超出於國羣之外，此為事之所以至不易也。

——《敬舉兩質義促國民之自覺》

夫國家而欲求國力之充實滋長，惟當設法使全國各種類之人，皆能如其分量以盡其才用。個人而欲自樹立於社會者，亦最宜自察才性之所近，而善推之以致用立業。若是者，吾名之曰“箇性發育主義”。箇性發育主義者，無論為社會全體計，為個人計，皆必要而至可尊也。

——《作官與謀生》

無論何國之國民性，莫不各有其天賦之優點焉，亦莫不各有其天賦之弱點焉。所貴乎有國家者，國家之施政，當務利用國民性之優點而善導之，使之繼長增高；其弱點則以漸矯正而滌蕩焉。此如圉人之蕃息駷牝，場師之樹藝甘木，取其種性之善良一部分，專保育而發達之；其楛窳之一部分，則壓之勿使發，或排而去之，使之日遷善而不自知。近世進化論所謂人為淘汰之作用是也。

——《罪言》

《易》曰：“革去故也，鼎取新也。”曩者朝代嬗易，取義於斯，字曰鼎革。故當一姓之初興也，自其典章制度人物以至禮教習俗，皆豁然昭蘇，而有以新天下之觀聽，以校前代之末流，釐乎若有鴻溝以為之界也。無以名之，名之曰“開國氣象”，此氣象非可襲而取，非可偽而飾也。

——《罪言》

夫敵國外患之乘，最足以促國家觀念之發達，此有生之恆情也。我國頻年以來受創寧得復云不鉅，負痛寧得復云不深；使愛國之本能猶未盡淪，則經此百罹，法當蓬勃而未由自制。然而其日斲喪日萎縮乃反若是，稍見遠者，共知人民與國家休戚漠不相關，則國必終於無幸，日日謀所以振起而聯屬之。

——《痛定罪言》

大抵愛國之義，本為人人所不學而知，不慮而能；國民而至於不愛其國，則必執國命者厝其國於不可愛之地而已。

——《痛定罪言》

夫一國之命運，其樞紐全繫於士大夫；徵諸吾國歷史有然，徵諸並世各國之現象亦莫不有然。蓋所謂士大夫者，國家一切機關奉公職之人，於此取材焉；乃至社會凡百要津，皆所分據也。故不惟其舉措能直演波瀾，即其性習亦立成風氣。

——《痛定罪言》

一國之大，而以良心麻木者為之中堅，權力之淵源由茲焉，風氣之樞軸由茲焉，其極乃演為社會良心之麻木。社會良心麻木之徵象奈何？善與惡之觀念，已不復存於社會；即善惡之名目猶存，而善惡之標準，乃與一般人類社會善惡之公準絕殊。而人人之對於善與惡，皆無復責任。凡人於此社會之人，其良心即無復提出之餘地；不之信焉而姑攖其鋒，有見蹙於社會之陪陬，而侘傺顑頷以沒耳。

——《傷心之言》

凡人類皆有公共之弱點，而一國民又各自有其國特別之弱點，一時代之人亦各有其時代之特別弱點。自愛之士，善自矯正其弱點而已！愛國之士，善矯正其國民、其時代之弱點而已。梟雄之夫則反是：國民無弱點，則梟雄遂無以自存。故國民弱點，實梟雄唯一之憑藉；而利用國民弱點，則梟雄成功之不二法門也。

——《傷心之言》

今代時勢之遷進，月異而歲不同，稍一凝滯，動則凌夷；故國有家者，恆兢兢焉內策而外應，若恐不及。然則今日世界作何趨勢？我國在世界現居何等位置？將來所以順應之以謀決勝於外競者其道何由？此我國民所當目在之而無敢荒豫者也。

——《中國立國大方針》

人民能建設完全國家者，則日以榮，其不能者則日以悴。夫國家如何而始為完全？其分子調和，其結合緻密，能持久而不渙者，斯可謂完全也已矣！今夫物質至稀鬆者為氣體，一吹盪即散矣；稍進為液體，控摶由人焉，更進為固體，尤堅貞者若金玉之屬，則顛撲不破也。國家進化之狀態，大約類是：有僅能為氣體的結合者，不旋踵而澌滅；有僅能為液體的結合者，雖倖存而不競焉；其眞能為固體的結合，堅貞若金玉者，全世界數國而已。

——《中國立國大方針》

國家保育之分際，當以國民發達之程度為衡：發達在幼稚之域者，其所需保育之事愈多；愈進焉，則其事愈減。而後此保育遞減之率，恆視前此所已施之保育為反比例。

——《中國立國大方針》

國家之目的，在使人各應於其本能，以各自求得其圓滿之樂利。而緣歷史沿革，與事會之遭際，則國中恆生出特別階級，占種種優勝之地位；而此階級以外之人，遂末由發揮其天才。故百年前學者，以謂自由競爭兩者遂底於平，最近二三十年，乃知絕對的自由競爭，適以資豪强兼并之利器。多數之民，反不能得均等機以自樹立；故必賴有一種最高之權力，立乎一般人民之上。抑强扶弱，匡其泰甚者，以誘掖其不逮者；然後個人能力，乃得以平等發揮而無所閡。

——《中國立國大方針》

今茲為國與國競之世，各國人民之與他國人民交涉也，不專以個人資格，而恆恃國家盾乎其後。多數事業，絕對的為個人之力所不能舉，必依賴于國家；其次者亦必須為國家之整備機關，以資人民之利用。

——《中國立國大方針》

我國之敝，乃緣當政治之衝者，懵然不知國家目的為何物；國家固有之職務，不能假手於其機關以實踐之。人民進無所怙恃，則不得不退而各自為謀；各自為謀而無董率之者，則步伐勢不能齊整，散漫無紀，終不能胳合以成一體。公共心日以消乏，而公共事業遂無一能舉。其對於國家也，覺其所能翼覆我者至有限；坐是國家與身家之聯鎖至弱，而濃摯之愛情，末由發生。

——《中國立國大方針》

大抵今日大患，在全國民距心力發動太盛，而向心力失其權衡。非惟政治上為然也，即道德習俗，莫不皆然，無以節之；必至社會性全然澌滅，何以為國！

——《中國立國大方針》

共和國以人民全體為國家最高機關，而選舉者則民意之所由表示也。故必有眞選舉，然後有眞民意；有眞民意，然後意之眞共和。

——《中國立國大方針》

天下之盛德大業，孰有過於愛國者乎？眞愛國者，國事以外，舉無足以介其心；故舍國事無嗜好，舍國事無希望，舍國事無憂患，舍國事無忿懥，舍國事無爭競，舍國事無歡欣。眞愛國者，其視國事無所謂艱，無所謂險，無所謂不可為，無所謂成，無所謂敗，無所謂已足。眞愛國者，其所以行其愛之術者不必同：或以舌，或以血，或以筆，或以劍，或以機；前唱於而後唱喁，一善射而百決拾。有時或相歧，相矛盾，相嫉敵，而其所向之鵠，卒至於相成相濟而罔不相合。

——《意大利建國三傑傳》

中國民族之武，其最初之天性也；中國民族之不武，則第二之天性也。此第二之天性，誰造之？曰：時勢造之，地勢造之，人力造之。

——《中國之武士道序例》

國中自昔非統一也；由萬國而三千，而八百，而百二十，而十二，而七，而歸於一。其間競爭劇烈，非右武無以自存。蓋一強與衆弱遇，弱者固弱，強者亦不甚強；數強相持，互淬互厲，而強進矣，其相持者非必個人也。強羣與強羣相持，其強之影響，徧浸漬於羣中之分子，而個人乃不得不強。此春秋戰國間，所以以武於天下也。抑推原所自始，則有外族間接以磨厲而造成之者，功最多焉。

——《中國之武士道序例》

夫導國民以知尊其先民，知學其先民，則史家之職也。我國以世界最古最大之國，取精多而用物宏，其人物之瑰瑋奇特，夐非他國之所得望。而前此之讀書論世者，或持偏至之論，挾主奴之見；引繩批根，而非常之人，非常之業，泯沒於謬悠之口者，不可勝數也。

——《管子傳序例》

凡員顱方趾以生於今日者，皆以國家一分子之資格，而兼有世界人類一分子之資格者也。惟其有國家一分子之資格，故不可不研求國家之性質，與夫本國之情狀，而思對於國家以有所自盡。惟其有世界人類一分子之資格，故不可不研求世界之大問題及其大勢之所趨向，而思所以應之。抑世界之大問題反其大勢所趨向，又不徒影響於世界上之個人也，而實大影響於世界上之各國。故以國家一分子之資格，愈不可以不知世界；今我國人於世界的智識之缺之，即我國不能競勝於世界之一大原因也。

——《社會主義論序》

夫國家之對於國家，誰則無野心者？如兩軍遇於戰場，其磨刀霍霍，以互相欲屠，固其所也。我怨罵彼，彼遂能因我言而輟其謀乎？若云以此警告國人，斯固宜然也。然警告之本意，固當使國人知現在時勢如此其危急，尤當使之知所以致此危急之由。其原因皆在政府之失政，緣此而知改造政府之萬不容已，則所警告者為有力矣！而不然者，雖四萬萬人人人皆瞋目切齒於外國之謀我，顧能以個人之力，各各持梃以抗之乎？蓋人之謀我者，乃挾其國家之力以謀我；我欲與之抗，亦維挾國家之力以與之抗。而司國家之總樞機者，實維政府。故欲使國民敵愾心得有道以自效者，非先得一良政府以統率之於上，决無當也。

——《與上海某某等報館主筆書》

國家之目的，一方面謀國家自身之發達，一方面謀國中人民之安甯幸福；而人民之安甯幸福，又為國家發達之源泉，故最當首注意焉。人民公權私權，有一見摧抑，則民日以瘁，而國亦隨之。然欲保人民權利，罔俾侵犯，則其一須有完備之法律，規定焉以為保障；其二須有獨立之裁判官廳，得守法而無所瞻徇。

——《政聞社宣言書》

民氣弱之國，為民上者最易，而國恆替；民氣昌之國，為民上者最難，而國恆强。故今日為文明之首長者，既不可無非常之勇氣，常立于戰場，冒險决死以伸政策；尤不可不以非常之公心，順揣輿情；着着為公利公益着想，乃可以安其位保其身。吁，其難哉！

——《自由書·難乎為民上者》

夫國為萬衆所託，而其受命與天無極，自非亂亡，則逋責之憂，末由而起。是故信用博而稱貸易也，而可似毋盡民力而能舉大政。不責方今之民以所不能堪，而弛負擔之一部分以遺其子孫，則事弗廢而民弗病，兩得之道也。

——《外債》平議

凡人生於天壤，皆各有所應得之權利，與所應盡之職分。權利者何？人人自保其安全是也；職分者何？人人自謀其安全是也。夫推原國家之所以立，亦不外為人民保安全謀安全耳！其意蓋謂一人之力不能自保者，則國家為保之；一人之智不能自謀者，則國家為謀之；此國家之義務也，國家不為民保，不為民謀，是之謂失國家之義務；國民不自保不自謀，而必待命於國家，是之謂失國民之義務。

——《商會議》

凡一國之强弱興廢，全係乎國民之智識與能力；而智識能力之進退增減，全係乎國民之思想；思想之高下通塞，全係乎國民之所習慣與所信仰。然則欲國家之獨立，不可不謀增進國民之識力；欲增進國民之識力，不可不謀轉變國民之思想；而欲轉變國民之思想，不可不於其所習慣所信仰者，為之除其舊而布其新，此天下之公言也。

——《論支那宗教改革》

國家所貴乎有制者，以其內之可以調和競爭，外之可以助長競爭也。二者實相因為用，故可以一貫之，而命之曰“國家立制之精神”。其所發表之形式，遵此精神者，謂之“良”；其所發表之形式，反此精神者，謂之“不良”。更申言之，則其立制之精神，在正定各個人之自由範圍，使有所限而不至生衝突者，良也。雖有所限，而仍使之各綽綽然有自由競爭之餘地，而不妨其正當的競爭者，良也。抑或雖甚妨害其正當的競爭，幾奪其自由之大部分乃至全部分，而其立制之精神，乃出於國家自衛所萬不容已，則亦良也。如是者謂之良，反是者謂之不良；於專制國有然，於非專制國亦有然。

——《開明專制論》

夫國民意力，為世界上莫强之實力。善其用焉，靡堅不破：以之行政治革命，可也；以之行種族革命，亦可也。國民意力，固自由發動，而有指導焉而為之助者，則其發動也更易而更顯，且能合成。

——《答某報第四號對於本報之駁論》

國家之性質及其現象，惟以科學的研究，乃能為正確之說明；此種說明，卽所謂法理論也。而國家之滅亡，則國家現象之一種也。若何而為滅亡，若何而非滅亡，不可不求學理以為之根據；而所根據之學理，正確與否此不可不審者一也。學理既正確，而事實與此學理所命之定義，相應或相不應，此不可不審者二也。

——《中國不亡論》

無論何國，凡屬政治上大小諸問題其所以恆有論爭者，殆皆可謂之緣國內各方面人民有利害衝突之點而起；而其衝突之發動力，或自種族上生，或自宗教上生，或自階級上生，或自地方上生，或自經濟上生：種種不同無國無之。謂解决種族問題，即能解决政治問題者謬也；謂不能解决種族問題，即不能解决政治問題者亦謬也。

——《中國不亡論》

夫國民而誠能利用對外問題以對內，則外侮之來，有時或反為國之福。孟子所謂“無敵國外患者國恆亡”，是其義也。若置內治於不顧，而惟單純的昌言對外乎？是必終於無效而已。

——《對外與對內》

現今為國家主義全盛時代，人挾其偉大之國力以臨我，我非有偉大之國力，决無從對付之。而偉大之國力，非內治組織完備後，决無從發生。凡一切對外論，不可不以此為總前提。

——《對外與對內》

凡國民在腐敗政府之下，而欲以私人資格，為强硬之對外運動，其運動無效，則無論矣；苟稍有效者，則外人欲摧滅之，亦易如拉朽。蓋國民能力曾不能改造政府者，則必威惡政治如虎者也；而惡政府又畏外人如虎者也。兩虎在前，有辟易而已矣！

——《對外與對內》

善夫先哲之言也，曰：“自勝之為强”，凡一私人之治身也，蓋未有不以省克為自立之基者。輕浮者而不能自克以進於沈實；巽懦者而不能自克以進於剛强；怠荒者而不能自克以進於勤慎：以此立於世，未有不為人役者也。夫國亦何莫不然？大憝蟠於朝宁，不能鋤而去之，而謂可以禦寇於境外，伊古以來，未之前聞。此如一家主人，常受制於悍僕，欲免隣里之凌蔑豈可得哉？以如此之國民，則雖絕無敵國外患，亦必魚爛於內而莫之救。此如積年瘵疾者，不必冒風寒然後致死也。以如此之國民，正自拉安所謂“理合永為奴隸自業自得者也”；而猶仰首伸眉以言對外，則亦為外人笑而已矣。

——《對外與對內》

國家為一種有機體，非一時所驟能意造也。其政治現象之變化，必根據於歷史。

——《新中國建設問題》

夫國也者何物也，有土地，有人民，以居於其土地之人民，而治其所居之土地之事，自制法律而自守之。有主權，有服從，人人皆主權者，人人皆服從者。夫如是斯謂之完全成立之國。地球上之有完全成立之國也，自百年以來也，完全成立者，壯年之事也；未能完全成立而漸進於完全成立者，少年之事也！

——《少年中國說》

國有三等：一曰“受人尊敬之國”，其教化政治卓然冠絕於環球，其聲明文物，爛然震眩於耳目。一切舉動悉循公理，不必誇耀威力，而隣國莫不愛之重之。次曰“畏懾之國”，教化政治非必其卓絕也，聲明文物非必其震眩也。然挾莫强之兵力，雖行以無道，猶足以鞭笞羣雄，而橫絕地球。若是者隣國雖疾視不平，亦且側目重足，動色而羣相震懾。至其下者，則薾然不足以自立，坐聽他人之蹴踏操縱；有他動而無自動，其在世界，若存若亡矣。若是者曰“受人輕侮之國”。

——《論中國國民之品格》

凡一國之存亡，必由其國民之自存自亡，而非他國能存之能亡之也。苟其國民無自存之性質，雖無一毫之他力以亡之，猶將亡也；苟其國民有自存之性質，雖有萬鈞之力以亡之，猶將存也。

——《論中國國民之品格》

凡一國之進步也，其主動者在多數之國民，而驅役一二之代表人以為助動者，則其事罔不成；其主動在一二人之代表，而强求多數之國民以為助動者，則其事鮮不敗。故吾所思、所夢、所禱祀者，不在轟轟獨秀之英雄，而在芸芸平等之英雄。

——《過渡時代論》

滅國者，天演之公例也！凡人之在世間，必爭自存；爭自存則有優劣，有優劣則有勝敗。劣而敗者，其權利必為優而勝者所吞併，是卽滅國之理也。自世界初有人類以來，卽循此天則，相搏相噬，相嬗相代，以迄今日而國於全地球者，僅百數十焉矣！

——《滅國新法論》

國家自為其生存起見，常或奪國民生命財產之一部分，甚則奪其全部而不以為泰。例如國家用兵於外，直接糜爛人民之生命，間接耗損其財產而無所惜。是其例也。蓋謂非如此，則不能保國家之存立而期其發達，而非國家存立發達，則人民利益悉無所麗也。而權衡於國家利益與國民利益輕重緩急之間，此卽政策之所由發生也。所謂國家之利益與國民一個人或其一部分人之利益，不能常相合者何也。國家利益與國民全體利益可以謂為同物；然國民全體之利益，與國民個人總數之和之利益，不能謂為同物。

——《說政策》

天下未有無人民而可稱之為國家者，亦未有無政府而可稱之為國家者。政府與人民，皆構造國家之要具也。故謂政府為人民所有也不可；謂人民為政府所有也尤不可。蓋政府人民之上，別有所謂人格之國家者，以團之統之國家握獨一最高之主權，而政府人民皆生息於其下者也。

——《論政府與人民之權限》

今世界殆無復容弱國自存之餘地；弱國所以能暫存者，以介列於列强之間，而競爭未有所決耳！是故經列强一次戰爭之後，而弱國之位置必一變；經列强一次協商之後，而弱國之位置必一變。戰爭者，競爭之極，而勝負已决者也。協商者，各得其所欲而休息競爭者也。兩者外形雖不同，而其結果皆自競爭以歸於無競爭則同。彼弱國者，徒以為列强競爭之客體，而保其殘喘；苟能利用此時機，發奮為雄，脫離競爭客體之地位，而自躋於競爭主體之林，斯最上也。若猶未能，則當期競爭之繼續，而毋使其休息。何也？一休息則吾之運命定也。又當使其競爭常出於平和，而毋致交戰。何也？既交戰則勝負必有所决，勝負决則競爭隨而息，而吾之運命亦隨而定也。

——《中國外交方針私議》

國家者，在一定土地之上，以權力組織而成之人民團體也。

——《憲政淺說》

"競爭者，進化之母"，此羣學家之名言，而實天地間不二之公理也。人類始於競爭，中於競爭，終於競爭；競爭絕則人類亦幾乎息矣！社會濫觴於圖騰，合無量數之圖騰，經若干之歲月，而成為種落。合無量數之種落，經若干之歲月，而成為國家。國家者，實政治勢力競爭之成果也。

——《中國國會制度私議》

夫國家之目的，一方面謀國內人民之利益，一方面仍須謀國家自身之利益。凡國家一切機關，皆兼為此兩目的而設置者也。謂人民各因其個人利害之故，而始參與國政，此不過十八世紀前個人主義之理想，近世國家主義大明，此説之缺點稍有學識者能知之矣。

——《中國國會制度私議》

凡一國之立於天地，必有其所以立之特質；欲自善其國者，不可不於此特質焉，淬厲之而增長之。

——《論中國學術思想變遷勢之大》

國家為人類心理之集合體，苟其人民無欲建國之動機，則國終不可得建也！

——《中國法理學發達史論》

就立國之實際而考之，有兩原因焉：一則因不得已而立者也，一則因人之自由而立者也。所謂不得已者何？夫人不能孤立而營生也，因種種之需求不得不通功易事，相聚以各得所欲；此理自亞里士多德以來，學士輩多能論之，皆以為人之性本相聚而為生者也。是故就事實實跡言之，苟謂人類之始，皆一一孤立，後乃相約而成邦國云云，其論固不完善；蓋當其未立契約以前已，有其不得已而相處者存也。

——《盧梭學案》

凡各國立國之始，往往有多少之自由主義行乎其間者，夫人智未開之時，因天時人事之患害，為强有力者所脅迫，驅民衆而成部落；此所謂勢之不可避者，固無待言。然於其間自有自由之義存焉，人人於不識不知之間而自守之，此亦天理所必至也。

——《盧梭學案》

夫國民與社會，非一物也。國民者，一定不動之全體社會則變動不常之集合體而已。國民為法律上之一人格，社會則無有也。故號之曰“國民”，則始終與國相待而不可須臾離；號之曰“社會”，則不過多數私會結集，其必要國家與否，在論外也。

——《政治學大家伯倫知理之學說》

國家之為有機體，又非如動植物之出於天造也。蓋藉人力之創作，經累世之沿革，而始乃得成。而其沿革之所自來，厥有二端：一曰，由國中固有之性習，與夫外界事物之刺激而生者；二曰，由君長號令所施行，與夫臣民意志所翊贊而生者，此所以異於天產物也，雖然，造者不同，而為有機體則同。

——《政治學大家伯倫知理之學說》

夫民族者，有同一之言語風俗，有同一之精神性質，其公同心漸因以發達，是固建國之階梯也！但當未聯合以捌一國之時，則終不能為人格為法團，故只能謂之“民族”，不能謂之“國民”。

——《政治學大家伯倫知理之學說》

夫共和國者，於人民之上，別無獨立之國權者也。故調和各種利害之責任，不得不遠求之於人民自己之中，必無使甲之利害，能强壓乙之利害，而諸種之關係，常克相互平等，而自保其權衡。

——《政治學大家伯倫知理之學說》

以常理言，則各私人之幸福與國家之幸福，常相麗而無須臾離，故民富則國富，民智則國文，民勇則國强：是此兩目的不啻一目的也！雖然，若遇變故，而二者不可得兼；各私人之幸福與國家之幸福，不能相容。

——《政治大家伯倫知理之學說》

國民之所以能成為國民以獨立於世界者，恃有其國民之特性；而國民之特性，實受自歷史上之感化，與夫其先代偉人哲士之鼓鑄焉。

——《國文語原解》

凡一國之能立於世界，必有其國民獨具之特質。上自道德法律，下至風俗習慣文學美術，皆有一種獨立之精神。祖父傳之，子孫繼之，然後羣乃結，國乃成斯，實民族主義之根柢源泉也。

——《新民說》

父母之於子也，生之育之，保之教之，故為子者，有報父母恩之義務；人人盡此義務，則子愈多者，父母愈順，家族愈昌；反是則為家之索矣！故子而逋父母之負者，謂之不孝；此私德上第一大義，盡人能知者也。羣之於人也，國家之於國民也，其恩與父母同。蓋無羣無國，則吾性命財產無所託，智慧能力無所附，而此身將不可以一日立於天地。故報羣報國之義務，有血氣者所同具也。

——《新民說》

人羣之初結也，有部民而無國民，由部民而進為國民，此文野所由分也！部民與國民之異安在？曰：羣族而居，自成風俗者，謂之部民；有國家思想，能自布政治者，謂之國民。天下未有無國民而可以成國者也！

——《新民說》

國家思想者何？一曰對於一身而知有國家；二曰對於朝廷而知有國家；三曰對於外族而知有國家；四曰對於世界而知有國家。

——《新民說》

國家者，對外之名詞也！使世界而僅有一國，則國家之名不能成立；故身與身相並而有我身，家與家相接而有我家，國與國相峙而有我國。人類自千萬年以前，分孳各地，各自發達，自言語風俗，以至思想法制，形質異、精神異，而有不得不自國其國者焉。循物競天擇之公例，則人與人不能不衝突，國把國不能不衝突；國家之名，立之以應他羣者也。

——《新民說》

國民者，一私人之所結集也；國權者，一私人之權利所團成也。故欲求國民之思想之感覺之行為，舍其分子之各私人之思想感覺行為而終不可得見。

——《新民說》

夫列國並立，不能競爭則無以自存。其所競者，非徒在國家也，而兼在個人；非徒在强力也，而尤在德智。分途並趨，人自為戰，而進化遂沛然莫之能禦。

——《新民說》

夫國家本非有體也，藉人民以成體。故欲求國之自尊，必先自國民人人自尊始。

——《新民說》

一國中大多數人，對於國家之尊榮及公衆之權利，為嚴重之保障，常凛然有介胄不可犯之色。若是者謂之民氣。民氣者，國家所以自存之一要素也。雖然，僅恃民氣而國家遂足以自存乎？曰：必不可，何以故？以民氣必有所待，而始呈其效力故。

——《新民說》

國家之强弱，一視其國民之志趣品格以為差；而志趣品格，有所從出者，一物焉，則理想是已。理想者何物也？人人胸中所想像，而認為通常至當之理者也，凡無論何族之民，必有其社會數千年遺傳之習慣，與其先哲名人之所垂訓所傳述，漸漬深入於人人之腦中，滌之不去，磨之不磷，是之謂理想。理想者，天下之最大力量者也。

——《國民十大元氣論》

夫國也者，必其全國之人，有緊密之關係，有共同之利害，相親相愛通力合作，而後能立者也。故未有兩種族之人，同受治於一政府之下，而國能久安者。

——《國民十大元氣論》

地者積人而成，國者積權而立；故全權之國强，缺權之國殃，無權之國亡。何謂全權？國人各行其固有之權；何謂缺權？國人有有權者，有不能自有其權者。何謂無權？不知權之所在也！無權惡乎起？曰：始也欲以一人而奪衆人之權；然衆權之繁之大，非一人之智與力所能任也。既不能任，則其權將糜散墮落，而終不能以自有；雖然向者衆人所失之權，其不能復得如故也，於是乎不知權之所在。

——《論中國積弱由於防弊》

四、學 術

凡學問上一種研究對象，往往容得許多方面的觀察，而且非從各方面觀察，不能得其全相。

——《學術演講集》，第一輯第四頁，《評胡適之〈中國哲學史大綱〉》

對於各時代眞切的背景，和各種思想的來龍去脈，應該格外填[1]密審查。

——《學術演講集》，第一輯第四頁，《評胡適之〈中國哲學史大綱〉》

古代學問，為一種世襲智識階級所專有，是歷史上當然的事實；既經歷許多年有許多聰明才智之士在裏頭，自然會隨時產生新理解；後來諸子學說，受他們影響一定不少。

——同上，第一輯第六頁，《評胡適之〈中國哲學史大綱〉》

大抵人類進化到某水平線以上，自然會想到“宇宙是什麼”“人生所為何來”“政治應該怎麼樣”……種種問題，自然會有他的推論，有他的主張，這便是哲學根核。

——同上，第一輯第七頁，《評胡適之〈中國哲學史大綱〉》

[1] 當為“縝”。——編者註

疑古原不失為治學的一種方法，但太過也很易生出毛病。

——同上，第一輯第八頁，《評胡適之〈中國哲學史大綱〉》

《管子》書中許多奧衍的法理，我絕對承認是由後人引申放大；但這引申放大的話，為什麼不依托令尹、子文，不依托狐偃、趙衰，不依托子產，獨獨依托管仲便可以推想管仲和這種思想淵源，一定有些瓜葛。

——同上，第一輯第八頁，《評胡適之〈中國哲學史大綱〉》

凡屬波瀾壯闊的學術，是從政局較安甯，社會較向上的時候產生出來。

——同上，第一輯第十二頁，《評胡適之〈中國哲學史大綱〉》

應救時弊，自然不失為學說發生之一種動機；但若說舍此別無動機，那却把學術的門庭太看窄了。

——同上，第一輯第十二頁，《評胡適之〈中國哲學史大綱〉》

我想我們中國哲學上最重要的問題是："怎麼樣能彀令我的思想行為，和我的生命融合為一？怎麼樣能彀令我的生命和宇宙融合為一？"

——同上，第一輯第二十四頁，《評胡適〈中國哲學史大綱〉》

別要把應用的學問，和受用的學問混為一談。

——同上，第一輯第三十七頁，《評胡適之〈中國哲學史大綱〉》

男女的聰明才力，不能認他有差等，却不能不認他有各自的特長。

——同上，第一輯第四十四頁，《我對於女子高等教育希望特別注意的幾件事》

儀器是科學的產物，科學不是儀器的產物。

——同上，第一輯第六一頁，《美術與科學》

科學最大能事，不外善用你的五官和腦筋；五官腦筋，便是最複雜最靈妙的儀器。

——同上，第一輯第六一頁

科學根本精神，全在養成觀察力。

——同上，第一輯第六一頁

把自己的觀察力養得十分緻密，十分猛利，十分深刻；並把自己體驗得來的觀察方法，傳與其人，令一般人都能領會，都能應用。

——同上，第一輯第六二頁

宇宙是否有絕對的眞理，我們越發研究越發懷疑。

——同上，第一輯第七十三頁，《非宗教同盟》

彼我學說之異同，影響于歷史上事實者至大。

——同上，第二輯第二十一頁，《先秦政治思想》

偶然的事實，不能作為學理的表準；學理的表準，是要合必然性的。

——同上，第二輯第三七頁，《先秦政治思想》

大下惟不肯研究的人纔會盲從，凡事只要經過一番研究，多少總有點自己意見發生，這點意見，就名之曰“判斷”。

——同上，第二輯第一〇四頁，《教育與政治》

越研究得多，判斷力自然越豐富；越研究得精，判斷力自然越深刻。

——同上，第二輯第一〇四頁

許久不做學問的人，把學問的胃口弄弱了，便許多智識界的美味在前也喫不進去，人生幸福，算是剝奪了一大半。

——同上，第二輯第一一二頁，《教育家的自家田地》

每日除本業正當勞作之外，最少總要騰出一點鐘，研究你所嗜好的學問。

——同上，第二輯第一二五頁，《學問之趣味》

要鑽在這件事物裏頭去研究，要繞着這件事物周圍去研究，要跳在這件事物高頭去研究，種種分析研究結果，總把這件事物的屬性大略研究出來，算是從許多相類似容易混淆的個體中，發現每個個體的特徵。

——同上，第二輯第一四四頁，《科學精神與東西文化》

科學家以許多有證據的事實為基礎，逐層逐層看出他們的因果關係，發明種種含有必然性或含有極強蓋然性的原則。

——同上，第二輯第一四九頁

中國凡百學問，都帶一種“可以意會不可以言傳”的神祕性，最足為智識擴大之障礙。

——同上，第二輯第一五〇頁

為學問而學問，為勞動而勞動，並不是拿學問、勞動，等等做手段來達某種目的。

——同上，第三輯第一七八頁，《為學與做人》

知識之為物，實在是無量的廣漠，誰也不能說他能給誰以絕對不易的知識；頂多，亦只承認他有相對的價值。

——同上，第三輯第二一〇頁，《東南大學課畢告別辭》

凡作一書，必先問吾書將以供何等人之讀，然後其書乃如有隰之畔，不致泛濫失歸，且能針對讀者以發生相當之效果。

——《中國歷史研究法》，第一章第四頁，《史之意義及其範圍》

過去影事之保存，不恃記錄而恃記誦，而最便于記誦者，則韻文也。

——《中國歷史研究法》，第二章第十五頁，《過去之中國史學界》

良史固所以促國民之自覺，然真自覺者決不自欺，欲以自覺覺人者，尤不宜相蒙。

——同上，第三章第五十八頁，《史之改造》

各種史蹟，每一度從某新時代之人之腦中慮過，則不知不覺間輒微變其質。

——同上，第五章第一三〇頁，《史料之蒐集與鑑別》

懷疑之結果，而新理解出焉。

——同上，第五章第一三四頁

善治學者，不應問題之大小，而起差別觀念。問題有大小，研究之問題之精神無大小。

——同上，第五章第一四五頁

天下古今，從無同鑄一型的史蹟。讀史者於同中觀異、異中觀同，則往往得新理解焉。

——同上，第六章第一九六頁，《史蹟之論次》

歷史為人類心力所造成，而人類心力之動，乃極自由而不可方物。

——同上，第六章第一九九頁

歷史純為個性發揮之製造品，而個性直可謂之無一從同。

——同上，第六章第二〇一頁

史蹟之為物，必與“當時”“此地”之兩觀念相結合，然後有評價之可言。

——同上，第六章第二〇三頁

歷史上進步的事象，什九皆含有革命性；而革命前、革命中、革命後之史蹟，最難律以常軌，結果與預定的計劃相反者，往往而有；然不能因其相反，遂指為計畫之失敗。

——《中國歷史研究法》，第六章第二一〇頁，《史蹟之論次》

凡史蹟皆人類心理所構成，非深入心理之奧以洞察其動態，則眞相末由見也。

——同上，第六章第二一五頁

所貴乎學者，淑身與濟物而已。淑身之道，在嚴其格以自繩；濟物之道，在隨所遇以為施。

——《盾鼻集論文類附錄》，第五十六頁，《哀啟》

凡文化發展之國，其國民於一時期中，因環境之變遷，與夫心理之感召，不期而思想之進路，同趨於一方嚮。

——《清代學術概論》，第一頁

凡"思"非皆能成"潮"，能成"潮"者，則其"思"必有相當之價值；而又適合於其時代之要求者也。

——《清代學術概論》，第一頁

凡時代非皆有"思潮"，有思潮之時代，必文化昂進之時代也。

——同上，第一頁

凡時代思潮，無不由"繼續的羣衆運動"而成。

——同上，第二頁

凡一新學派初立，對於舊學派，非持絕對嚴正的攻擊態度，不足以摧故鋒而張新軍。

——同上，第十八頁

凡事物之含有宗教性者，例不許作為學問上研究之問題；一作為問題，其神聖之地位固已搖動矣。

——同上，第二十六頁

學問之道，固未有成之於一人一時者；在後人能否善襲遺產以光大之而已。

——同上，第四十四頁

凡欲一種學術之發明，其第一要件，在先有精良之研究法。

——同上，第四十九頁

凡一學術之興，一面須有相當之歷史，一面又乘特殊之機運；我國數千年學術，皆集中社會方面，於自然界方面素不措意，此無庸諱也，而當時又無特別動機，使學者精力轉一方向。

——同上，第五十頁

學問之難也粗涉其塗，未有不為人蔽者；及其稍深入力求自脫於人蔽，而已旋自蔽矣；非廓然卓然，鑑空衡平，不失於彼，必失於此。

——同上，第五十八頁

凡眞學者之態度，皆當為學問而治學問；夫用之云者，以所用為目的，學問則為達此目的之一手段也；為學問而治學問者，學問即目的，故更無有用無用之可言。

——同上，第八十頁

同時一學，問在某時、某地、某人治之為極無用者，易時、易地、易人治之，可變為極有用，是故難言也。

——同上，第八十頁

就純粹的學者之見地論之，只當問成為學不成為學，不必問有用與無用，非如此則學問不能獨立，不能發達。

——同上，第八十頁

古書傳習愈希者，其傳鈔踵刻，偽謬愈甚，馴至不可讀，而其書以廢。

——同上，第九十六頁

清儒最戒輕率著書，非得有極滿意之資料，不肯泐為定本；故往往有終其身在預備資料中者。

——同上，第一〇一頁

欲一國文化進展，必也社會對於學者有相當之敬禮，學者恃其學足以自養，無憂飢寒，然後能有餘裕以從事於更深的研究，而學乃日新也。

——同上，第一〇七頁

學者若生息於漆室之中，不知室外更何所有；忽穴一牖外窺，則粲然者皆昔所未睹也；還顧室中，則皆沈黑積穢；于是對外求索之慾日熾，對內厭棄之情日烈。

——同上，第一一八頁

須將世界學說為無限制的盡量輸入，斯固然矣；然必所輸入者確為該思想之本來面目，又必具其條理本末，始能供國人切實研究之資；此其事非多數人專門分擔不能。

——同上，第一四八頁

凡學問之為物，實應離“致用”之意味而獨立生存；眞所謂“正其誼不謀其利？明其道不計其功”；質言之，則有“書獃子”，然後有學問也。

——同上，第一六四頁

治古學者無須變其文與語，既不變其文與語，故學問之實質雖變化，而傳述此學問之文體、語體無變化；此清代文無特色之主要原因也。

——同上，第一七二頁

文化之所以進展，恆由後人承襲前人智識之遺產，繼長增高。

——同上，第一七三頁

凡一學術之發達，必須為公開的且趣味的研究，又必須其研究資料，比較的豐富。

——同上，第一七四頁

我國人所謂“德成而上，藝成而下”之舊觀念，因襲已久，本不易驟然解放；其對於自然界物象之研究，素乏趣味，不能為諱也。

——同上，第一七四頁

凡發明之業，往往出於偶然；發明者或並不能言其所以然，或言之而非其真；及以其發明之結果公之於世，多數人用各種方法向各種方面研究之，然後偶然之事實，變為必然之法則。

——同上，第一七四頁

語一時代學術之興替，實不問其研究之種類，而惟當問其研究之精神。研究精神不謬，則施諸此種類而可成就，施諸他種類而亦可以成就也。

——同上，第一七五頁

我輩雖當一面盡量吸收外來之新文化，一面仍萬不可妄自菲薄，蔑棄其遺產。

——同上，第一七六頁

所謂“學者的人格”者，為學問而學問，斷不以學問供學問以外之手段；故其性耿介，其志壹專。雖若不周於世用，然與一時代文化之進展，必賴有此等人。

——同上，第一七六頁

學問之價值，在善疑，在求真，在創獲；所謂研究精神者，歸着於此點。

——同上，第一七六頁

不問其所疑、所求、所創者在何部分，亦不問其所得之鉅細；要之經一番研究，即有一番貢獻。

——同上，第一七六頁

將現在學風與前輩學風相比較，令吾曹可以發現自己種種缺點。知現代學問上籠統、影響、凌亂、膚淺，等等惡現象，實我輩所造成。此等現象，非徹底改造，則學問永無獨立之望，且生心害政，其流且及於學問社會以外。

——同上，第一七七頁

吾輩欲為將來之學術界造福耶？抑造罪耶？不可不取鑒前代得失以自策勵。

——同上，第一七七頁

吾對於我國學術界之前途，實抱非常樂觀。蓋吾稽諸歷史，徵諸時勢，按諸我國民性，而信其於最近之將來，必能演出數種潮流，各為充量之發展。

——同上，第一七七頁

自經清代考證學派二百餘年之訓練，成為一種遺傳，我國學子之頭腦，漸趨於冷靜縝密。此種性質，實為科學成立之根本要素。

——同上，第一七八頁

今後歐美科學，日日輸入；我國民用其遺傳上極純粹之科學的頭腦，憑藉此等豐富之資料，瘁精研究，將來必可成為全世界第一等之“科學國民”。

——同上，第一七八頁

佛教哲學，本為我先民最珍貴之一遺產，特因發達太過，末流滋弊，故清代學者，對於彼而生劇烈之反動。

——同上，第一七八頁

學問可嗜者至多，吾輩當有所割棄，然後有所專精。

——同上，第一八一頁

善言政者，必曰：“分地自治，分業自治。”學問亦然；當分業發展，分地發展。

——同上，第一八二頁

學問非一派可盡，凡屬學問，其性質皆為有益無害。萬不可求思想統一，如二千年來所謂“表章某某，罷黜某某”者。

——同上，第一八二頁

學問不厭辨難，然一面申自己所學，一面仍尊人所學。庶不至入主出奴，蹈前代學風之弊。

——同上，第一八二頁

學問之道，進化靡有止詣。欲以一人一時之精力、智慧完成一種學問，萬無是處。然則無論若何矜慎刻苦，其所得者亦必僅一部分而止；而疏漏誤謬，仍終不得免。

——《墨子學案自敍》，第二頁

人人各自貢其所得之一部分，以喚起社會研究之興味；其疏漏誤謬，則自必有人焉補苴而匡正之；斯學術之所以見其進未見其止也。

——同上，第二頁

墨子學說最大的缺點，莫如“非樂”。他總覺得娛樂是廢時失事，卻不曉得娛樂和休息，可以增加“物作的能率”。

——同上，第四十四頁

墨子學說，件件都是和時代潮流反抗；宗教思想亦其一也。

——同上，第四十五頁

親知是歸納的論理學，說知是演繹的論理學，這兩種都是純靠自力得來的智識。聞知是其他聽受記誦之學，是借助他力得來的智識。

——同上，第八十五頁

我們的知識，用甚麼方法得來呢?《墨經》說：有三種方法。第一是“聞知”，從傳授得來。第二是“說知”，從推論得來。第三是“親知”，從經驗得來。

——同上，第八十五頁

秦漢以後儒者所學，大率偏於聞知、說知兩方面。偏於聞知，不免盲從古人！摧殘造力。偏於說知，易陷於“思而不學則殆”之弊，成為無價值之空想。

——同上，第八十七頁

所謂科學精神不外發明事物公共法則拿來應用；怎樣的發明，怎樣的應用，却是靠論理學。演繹的論理學，是把同法的推到同類；歸納的論理學，是從同類中求出同法。

——同上，第一一三頁

演繹法是將已經發明的定理拿來推演。歸納法是要發明新定理，而且檢點舊定理的眞假。

——同上，第一二六頁

泰西各種學問，皆各有其甚深之根柢，分科研究，剖之極細而入之極深。其適用此學問以施政治事，又積無量數之經驗，發明種種原理、原則而恪守之，絲絲入扣。

——同上，第二十五頁

我國研究學問之法，本與泰西不同，我國學者，憑瞑想，敢武斷，好作囫圇之詞，持無統系之說；否則注釋前藉❶，咬文嚼字，不敢自出主張。泰西學者，重試驗，尊辯難，界說謹嚴，條理綿密；

❶ 當為“籍”——編者註

雖對於前哲偉論，恆以批評的態度出之，當思正其誤而補其闕。故我之學皆虛，而彼之學皆實；我之學歷千百年不進，彼之學日新月異無已時。

——同上，第二十六頁

凡辯論先要把辯論對象的內容確定：先公認甲是什麼、乙是什麼，纔能說到甲和乙的關係何如。否則一定鬧到“驢頭不對馬嘴”，當局的辯論沒有結果，旁觀的越發迷惑。

——《飲冰室文集》，第六十八卷第一頁，《人生觀與科學》

根據經驗的事實，分析、綜合求出一個近眞的公例，以推論同類事物，這種學問叫做“科學”。應用科學改變出來的物質，或建設出來的機關，等等，只能謂之“科學的結果”，不與“科學”本身併為一談。

——同上，第二頁，《人生觀與科學》

科學所推尋之公例乃是：（一）在某種條件之下，會發生某種現象。（二）欲變更某種現象，當用某種條件籠統普遍的斷案，無論其不能，卽能，亦斷非科學之所許。

——同上，第二頁，《人生觀與科學》

一種學問出來，能影響於一切學問，而且改變全社會一般人心，我想自有學問以來，能彀比得上生物學的再沒有第二種。

——同上，第七頁，《生物學在學術界之位置》

生物學不過自然科學中之一種，但他所銜的職務，不僅在他本身，還不僅在自然科學。他直接產生一位極體面、極强壯的兒子，名叫“社會學”。他把生物界生存的共通法則。——如遺傳，如適應，如蛻變，如競爭，如淘汰，如互助，如進化，等等，都類推到人類生活上去；如何如何的發展個性，如何如何的保存團體，件件都發見出“逼近必然性”的法質；於是人類社會怎樣的組織、怎樣的變化，歷歷然有線路可尋。

——同上，第八頁

讀書自然不限於讀中國書。但中國人對於中國書，最少也該和外國書作平等待遇。你這樣待遇他，他給回你的愉快報酬，最少也和讀外國書所得的有同等分量。

——同上，第七十卷第三十五頁，《國學入門書目及其讀法》

一種學問，被別人做完了，四平八正的編成教科書樣子給我讀，讀去自然是毫不勞力的。但從這不費力上頭，結果便令我的心思不細緻不刻入。專門喜歡讀這類書的人，久而久之，會把自己創作的才能埋沒哩！

——同上，第三十五頁

中國學問界，是千年未開的礦穴，礦苗異常豐富；但非我們親自絞腦筋絞汗水，却開不出來。翻過來看，只要你絞一分腦筋、一分汗水，當然還你一分成績，所以有趣。

——同上，第三十五頁

書藉為保存過去原料之一種寶庫，且可以為現在實測各方面之引線。就這一點看來，我們對於書藉之浩瀚，應該歡喜感謝他，不應該厭惡他。因為我們的事業，比方要開工廠，原料的供給，自然是越豐富越好。

——同上，第三十五頁

發明的最初動機在注意。鈔書便是促醒注意及繼續保存注意的最好方法。

——同上，第三十六頁

先輩每教人不可輕言著述。因為未成熟的見解公佈出來，會自誤誤人，這原是不錯的。但青年學生“斐然有述作之志”，也是實際上鞭策學問的一種妙用。

——同上，第三十六頁

每日所讀之書，最好分兩類：一類是精讀的，一類是涉覽的。因為我們一面要養成讀書心細的習慣，一面要養成讀書眼快的習慣。心不細則毫無所得，等於白讀；眼不快則時候不夠用，不能博搜資料。

——同上，第三十七頁

欲治文學史，宜先剌取各時代代表之作者，察其時代背景與夫身世所經歷，了解其特性及其思源之淵源及感受。

——同上，第七十一頁，《〈陶淵明〉序》

哲學是從智的方面研究宇宙最高原理及人類精神作用，求出個至善的道德標準。

——同上，第七十二卷第八頁，《歐游心影錄節錄》

十九世紀的文學，大約前半期可稱為浪漫忒派（即感相派）全盛時代，後半期可稱為自然派（即寫實派）全盛時代。浪漫忒派承古典派極敝之後，崛然而起。斥摹倣，貴創造；破形式，縱感情；恰與當時唯心派的哲學和政治上、生計上的自由主義同一趨向。萬事皆尚新奇，總要憑主觀的想像力描出些新境界、新人物。要令讀者跳出現實界的圈子外，生一種精神交替的作用。當時思想初解放，人人覺得個性發展可以絕無限制。夢想一種別開生面完全美術的生活。

——同上，第七十二卷第十一頁

我們從前自己誇嘴，說道靠科學來征服自然界，如今科學越發昌明，那自然界的威力卻越發暴横，我們快要被他征服了。所以受自然派文學影響的人，總是滿腔子的懷疑，滿腔子的失望。

——同上，第七十二卷第十二頁

一種學說到眼前，總要虛心研究，放胆批評。但這話說來容易，做到實難。因為我們學問根抵，本來甚淺，稍有價值的學說到了面全，都會發生魔力，不知不覺就被他束縛起來。

——同上，第二十二頁

研究只管研究，盲從却不可盲從，須如老吏斷獄一般，無論中外古今何種學說，總拿他做供詞證詞，助我的判斷，不能把判斷權逕讓給他，這便是徹底解放的第一義。

——同上，第二十二頁

所謂學術者，並不是專記誦那死的學理，還要兼研究那活的實際問題；我們無論對於那門學術，總應該採這種態度。

——同上，第七十六卷第十六頁，《無槍階級對有槍階級》

我國文化，夙以保守的單調的聞于天下，非民性實然，環境限之也。

——同上，第五十九卷第十一頁

一民族對於外來文化而無容納之可能性，則其族非久遂成為“殭石化”，而决不足以順應生存於天地。

——同上，第十一頁

翻譯文體之問題，則直譯、意譯之得失，實為焦點。其在啟蒙時代，語義兩未嫻洽，依文轉寫而已。若此者，吾名之為未熟的直譯。稍進，則順俗曉暢，以期弘通；而於原文是否脗合，不甚厝意。若此者，吾名之為未熟的意譯。然初期譯本尚希，饑不擇食；凡有出品，咸受歡迎。文體得失，未成為學界問題也。及茲業寖盛，新本日出，玉石混淆。于是求眞之念驟熾，而尊尚直譯之譯起。然而矯枉太過，詰鞠為病；復生反動，則意譯論轉昌；卒乃兩者調和，而中外醇化之新文體出焉。

——《翻譯文學與佛典》

我們要做事業、要做學問，最要緊是把自己神智弄得清明；正和做生意的人要有本錢一般。

——《老子哲學》

什麼叫做本體論？人類思想到稍為進步的時代，總想求索宇宙萬物從何而來？以何為體？這是東西古今學術界久懸未决的問題。据我想來，怕是到底不能解决，但雖然不能解决，學者還是喜歡研究他。研究的結果，雖或對於解决本問題枉用工夫，然而引起別方面問題的研究，於學術進步，就極有關係了。

——《老子哲學》

學問之道，愈研究則愈自感其不足。必欲為躊躇滿志之著作乃以問世，必終其身不能成一書而已。有所見輒貢諸社會，自能引起討論。不問所見當否，而於世於己皆有益。

——《復胡適之書論〈墨經〉》

學問之業，非一人一時代所能就，在善繼而已矣。

——《〈墨經〉校譯序》

中國的學者，向來什有九都和政治有關係。這種關係每與妨礙思想之獨立，最少也分減了研究的歲月和精神。

——《明清之交中國思想界及其代表人物》

清初因為滿洲人初進來，統治者非我族類。第一流學者對於他們，或採積極的反抗態度，或採消極的“不合作”態度。這些學者，都對於當時的政治不肯插手，全部精力都注在改良學風作將來預備。所以有許多新頴思想自由發揮；而且因積久研究的結果，有許多新發明。

——《明清之交中國思想界及其代表人物》

一個字表示一個概念；字的解釋弄不清楚，概念自然是錯誤混雜或囫圇，概念錯誤混雜囫圇，所衍出來的思想當然也同一毛病。所以“辯名當物”是整理思想第一步工夫。

——《戴東原哲學》

人類的概念是一天比一天複雜的；語言文字無論長得怎樣快，變得怎樣靈活，總不能以同速率的進步來應新增概念的要求；所以不能借舊字舊話來表新增的概念。

——《戴東原哲學》

凡學說有含時代性的，有不含時代性的。含時代性的學說，要估量他的時代價值；不含時代性的學說的價值，是不必且不該用時代去估量的。

——《戴東原哲學》

我們雖不敢說今人必不及古人，也不敢說古人必不及今人。不含時代性的學說，儘可以幾千年前的人發明了，幾千年後的人無以易之。

——《戴東原哲學》

中國文化，本最富於世界性；今後若能吸收世界的文化以自縈衞，必將益擴其本能而增豐其內容，還以貢獻於世界，則二十世紀之中國國民，必在人類進化史上占重要之職役。

——《中華國民事業之成敗及今後革進之機運》

夫史家之職，不徒在敘述事實之眞相而矣；其最要者，則在深察事實聯絡之關係，推究其因果之起卒，以資今鑑而垂來訓。

——《歐洲大戰史論》

夫操術巧拙，限於天才，積於閱歷，誠非可强而致也；至于學則夫人皆得勉焉，而學文為術之原；無學之術，其不能競勝於今之世，抑又明矣。

——《國際立法條約集序》

大抵文學之事，必經國家百數十年之平和發育，然後所積受者厚，而大家乃能出乎其間；而所謂大家者，必其天才之絕特，其性情之篤摯，其學力之深博，斯無論已。又必其身世所遭值有以異於羣族，甚且為人生所莫能堪之境；其振奇磊落之氣，百無所寄洩，而壹以迸集於此一途。其身所經歷，心所接構，復有無量之異象以為之資。

——《秋螿吟館詩鈔序》

凡講學大師，必以學問為唯一之生涯，以教育為唯一之目的。其行誼必嚴正使人矜式，其立言將以俟百世而不汲汲於一時。

——《蒞同學歡迎會演說辭》

所謂學者，推究一切現象之原理原則，以說明一切之現象；於推究原理原則說明現象之外，別不另設方途以求致用。而所謂術者，則應用學理之方法技能而已，與推究原理原則以說明現象之學，實判然不能相同者也。故科學之分類，以現象為標準：有自然之現象，卽有自然之科學；有人類之現象，卽有人類之科學；有社會之現象，卽有社會之科學。因自然有種種之現象，亦卽有自然之種種科學；因人類有種種之現象，亦卽有人類之種種科學；因社會有種種之現象，亦卽有社會之種種科學。若夫技術，則以人類社會實用之目的，為其分類之標準；或合人類之需要，或應社會之要求，或按國家之機關，而有種種之技術。此實為學術根本相異之處，而大學校與專門學校之區別，亦于是而分焉。

——《莅北京大學校歡迎會演說辭》

天下惟有學問有脩養之士，乃能眞有發揚蹈厲之精神；無學問無脩養者，僅能謂之狂躁，謂之輕率，以之辦事，無一事可成也。

——《莅北京大學校歡迎會演說辭》

學問之業，非有冷靜之頭腦，不能得益；學生若以浮躁之心受學，則不僅不能不深入學問之道，我恐卽有善教之教師，亦不能有絲毫之得益。

——《莅北京大學校歡迎會演說辭》

俗識者，恃直覺與經驗之兩種作用而得之者也；學識者，恃概括、分析與推定之三種作用而得之者也。

——《良知與學識之調和》

學問之天職，在分析事物，而知其組織之成分，然後求得各種事物共通之點，概括綜合之，以尋出其原則。復將此原則推之凡百事物，所謂格物致知，所問一以貫之者，于是外在矣。

——《良知與學識之調和》

《詩》曰："天生蒸民，有物有則"，則者何？因果之謂也。觀乙果可以知甲因，覩乙因可以推丙果。苟持此法以研究天下事物，則能得其公例之所在，有通其一萬事畢之。欒不特此也，旣知其果之所必至又知其果之所從來，則常能造善因以補助之，使其結果日趨於至善。學術之有助於進化，其功在是。

——《地理與文明之關係》

道學與科學，界線最當分明：道學者，受用之學也，自得而無待於外者也，通古今中外而無二者也。科學者，應用之學也，藉辨論積累而始成者也，隨社會文明程度而進化者也。故科學尚新，道學則千百年以上之陳言，當世哲人無以過之。科學尚博，道學則一言半句，可以畢生受用不盡。

——《節本〈明儒學案〉例言》

老子曰："為學日為，為道日損"，學謂科學也，道謂道學也。抑科學之大別復二：一曰物的科學，二曰心的科學。心的科學者，若哲學、倫理學、心理學等是也。今世東西諸國，其關于此類之書，亦汗牛充棟，要之皆屬科學之範圍。何以故？以其屬于日益的方面，不屬于日損的方面。故此類書藉非可不讀也，然讀之只有裨於智育，無裨於德育，亦不過與理化、算術、法律、經濟諸科占同等之位置而已。

——《節本〈明儒學案〉例言》

夫學者之職，本在發明原理原則，以待人用耳！而用之與否，與夫某項原則宜適用於某時某事，此則存乎操術之人，必責治學者以兼之，甚無理也！然而操術者視學為不足輕重，則其不智亦甚矣！今世各科學中，每科莫不各有其至精至確之原則若干條；而此種原則，大率皆經若干人之試驗，累若干次之失敗，然後有心人乃參伍錯綜，以求其原因結果之關係，苦思力索而乃得之者也。故遵之者則必安榮，犯之者則必彫悴；蓋有放諸四海而皆準，俟諸百世而不惑者。

——《學與術》

夫空談學理者，猶飽讀兵書而不臨陣，死守醫書而不臨症，其不足恃固也！然坐是而謂兵書、醫書之可廢得乎？故吾甚望中年以上士大夫，現正立于社會上而擔任各要職者，稍分其繁忙晷刻，以從事與職務有關係之學問。吾豈欲勸人作博士哉？以為非是則體用不備，而不學無術之譏，懼終不能免耳！

——《學與術》

史也者，記述人間過去之事實者也。雖然自世界學術日進，故近世史家之本分，與前者史家有異：前者史家，不過記載事實；近世史家，必說明其事實之關係，與其原因、結果。前者史家，不過記述人間一二有權力者興亡隆替之事，雖名為史，實不過一人一家之譜牒；近世史家，必探察人間全體之運動進步，卽國民全部之經歷，及其相互之關係。以此論之，雖謂中國前者未嘗有史，殆非為過。

——《中國史叙論》

凡學問必有客觀、主觀二界：客觀者，謂所研究之事物也；主觀者，謂能研究此事物之心靈也。和合二觀，然後學問出焉。史學之客體，則過去、現在之事實是也。其主體，則作史讀史者心識中所識之哲理是也。有客觀而無主觀，則其史有魄而無魂，謂之非史焉可也。是故善為史者，必研究人羣進化之現象，而求其公理公例之所在，于是乎有所謂歷史哲學者出焉。歷史與歷史哲學雖殊科，要之，苟無哲學之理想者，必不能為良史，有斷然也。

——《新史學》

學術思想之在一國，猶人之有精神也；而政事、法律、風俗及歷史上種種之現象，則其形質也。故欲覘其國文野、强弱之程度如何，必于學術思想焉求之。

——《論中國學術思想變遷之大勢》

生此國為此民，享此學術思想之恩澤，則歌之舞之，發揮之光大之，繼長而增高之，吾輩之責也。而至今未聞有從事于此者，何也？凡天下事，必比較然後見其眞；無比較則非惟不能知己之所短，並不能知己之所長，前代無論矣。今世所稱好學深思之士有二種：一則徒為本國學術思想界所窘，未嘗一涉其樊也；一則徒為外國學術思想所眩，而於本國者不屑一厝其意也。

——《論中國學術思想變遷之大勢》

凡人羣第一期之進化，必依河流而起，此萬國之所同也。我中國有黃河、揚子江兩大流，其位置、性質各殊，故各自有其本來之文明，為獨立發達之觀，雖屢相調和混合，而其差別自有不可掩者。凡百皆然，而學術思想其一端也。

——《論中國學術思想變遷之大勢》

學派之為物，與國家不同：國家分爭而遂亡，學術分爭而益盛；其同出一師而各明一義者，正如醫學之解剖，乃能盡其體而無遺也。

——《論中國學術思想變遷之大勢》

泰西之政治，常隨學術思想為轉移；中國之學術思想，常隨政治為轉移：此不可謂非學界之一缺點也！是故政界各派並立，則學界亦各派並立，政界共主一統，則學界亦宗師一統。當戰國之末，雖有標新領異，如錦如荼之學派，不數十年，摧滅以盡，巍然獨存者，惟一儒術；而學術思想進步之跡，亦自茲凝滯矣！

——《論中國學術思想變遷之大勢》

凡學術苟能發揮之、光大之、實行之者，則此學卽為其人之所自有。如吾遊學於他鄉，而於所學者，既能貫通既能領受，親切有味，食而俱化；而謂此學仍彼之學而非我之學焉，不得也。一人如是，一國亦然。如必以本國固有之學而始為學也，則如北歐諸國，未嘗有固有之文明，惟取諸希臘、羅馬，取諸猶太者，則彼之學術史，其終不可成立矣！

——《論中國學術思想變遷之大勢》

生計家言，謂社會愈進於文明，則分業愈趨於細密；此不徒生計界為然也，學界亦然。輓近實學益昌，而學者亦益以專門為貴；

分科之中，又分科焉。碩儒大師，往往終身專執一科以名其家；蓋昔之學者，其所研究博而淺；今之學者，其所研究狹而深也。

——《論中國學術思想變遷之大勢》

凡一學說之獨立也，必排斥他人之謬誤，而楬一己之心得；若是必以論理學為之城壁焉。其難他說也，以違反於論理原則者摘其伏，則所向無敵矣！其自樹義也，以印合於論理原則者證其眞則持之成理矣。

——《子墨子學說》

學者若將研究甲事，而下實驗之功；乃此事未發，而見他現象相繼而起，則當諦思此現象，以何因緣而生乎？或研究乙事，既已得之，而初時所預料之現象，後乃不起；則當諦思彼現象，以何因緣而滅乎？又或所測之現象，正當發起之頃，而他之諸現象隨之而生，有時而增，有時而減；則當諦思此衆現象以何因緣而增，以何因緣而減乎？如是屢驗不已，參伍之，錯綜之，捨此取彼因甲知乙，則必見有一現象與他現象常相伴而不可離者！

——《近世文明初祖二・大家之學說》

夫兩個以上之現象，當相依而不可離，是卽所謂定理者也！故苟無甲之現象，則乙之現象亦無自而生。如空氣動盪為聲之原因，苟無動力則聲音終不可得傳。空中養氣，為火之原因；苟無養氣，則火光終不可得熱，若是者謂之物之定理。人苟能知物之定理，豈復有為五官所蔽而陷於迷見者乎！

——《近世文明初祖二・大家之事說》

凡一現象之定理，既一旦求而得之，因推之以編按其同類之現象，必無差謬。其有差謬者，非定理也。何也？事物之理，經萬古而無變者也。此等觀察實驗之功，非特可以研究外物之現象而已，卽講求吾人心靈之現象，亦不外是矣！

——《近世文明初祖二·大家之學說》

欲求得一現象之原因，不可不先懸一推測之說於胸中，而自審曰：此原因果如我之所推測，則必當有某種現象起焉。若其現象果屢起而不誤，則我之所推測者是也；若其不相應，則更立他之推測以求之。朱子所謂因其已知之理而益窮之也。故實驗與推測常相隨，棄其一而取其一，無有是處。

——《近世文明初祖二·大家之學說》

當吾智識接於外物之時，吾精神中別有自由者存，則判斷之一事是也。判斷之事，固吾所得自肆，亦吾所得自制；苟不下判斷，則無可以致謬之理。蓋“迷謬”兩字之訓詁，惟指判斷之不合理者云爾。

——《近世文明初祖二·大家之學說》

夫此自審自疑不遽下判斷者，非智識之事而意識之事也。以是之故，我得保其自由，立於外物感觸絡繹之中，隨其來而順應之，此則吾儕人類之精神，雖云微弱，然其中猶有盛强之力存焉。人之所以異於萬物，而能窮天下之理者，恃此耳！苟能善於用力以防外物之侵入牽引，則彼迷妄之魔想，何由詿誤我乎？此實思想界之護身符也！

——《近世文明初祖二·大家之學說》

學者之大患莫甚於不自有其耳目，而以古人之耳目為耳目；不自有其心思，而以古人之心思為心思。審如是也，則吾之在世界，不成贅疣乎？審如是也，則天但生古人可矣，而復生此百千萬億無耳目無心思之人，以蠕緣蠹蝕此，世界將安取之？

——《近世文明初祖二·大學家》

凡百學問莫不發源於上古，而或則逐漸發達，或則停滯不前；彼停滯焉者，必有為之阻力者也。

——《生計學學說沿革小史》

凡天下萬事萬物，未有突然而生者，大抵其物愈貴則其發生也愈遲，而其發達也逾[1]緩。學問者，萬事之最繁賾而高尚者也。故學語一學問之沿革，不可不上下千古，訴端竟委；觀前此萌達之跡，為將來進步之階。

——《格致學沿革考略》

[1] “逾”，疑為“愈”。——編者註

五、社　會

因社會變遷劇急，人人都起一種驚異；便把研求眞理的念頭刺激起來，各各建設新人生觀。

——《學術演講集》，第一輯第十六頁，《評胡適之〈中國哲學史大綱〉》

對于社會現狀都懷抱一種不安不滿感情；所以社會問題，成了各家研究的焦點。

——同上，第一輯第十六頁

社會是要不斷的創造，不斷的整理。

——同上，第一輯第四五頁，《我對于女子高等教育希望特別注意的幾種學科》

社會習慣，多半是由歷史上傳統的權威積漸而成，不能認他本質一定是好的。

——同上，第二輯第四七頁，《先秦政治思想》

習慣支配社會的力量實在大得可怕，若不能將習慣改良，一切良法美意都成虛設。

——同上，第二輯第四十八頁

令人人知道團體生活中的祕密行動便是罪惡，犯這種罪的便不為社會所容。

——同上，第二輯第八十三頁，《教育與政治》

全個社會的活動變化，要集積起來比較一番纔能看見。

——同上，第三輯第九十一頁，《歷史統計學》

一社會一時代之共同心理共同習慣，不能確指其為何時何人所造，而匹夫匹婦日用飲食之活動皆與有力焉。

——《中國歷史研究法》，第一章第四頁，《史之意義及其範圍》

人類於橫的方面為社會的生活，於縱的方面為時代的生活。苟離卻社會與時代，而憑空以觀某一個人或某一羣人之思想動作則必多不可了解者。

——同上，第六章第一八九頁，《史蹟之論次》

無論何種政治何種思想，皆建設在當時此地之社會心理的基礎之上。

——同上，第六章第二〇七頁

社會組成分子較複雜，及傳統的威權較脆弱者，則其突變的可能性較大。其社會內部物質的供給較艱嗇，且與他社會接觸之機緣較多者，則其境遇之變遷較劇且繁。

——同上，第六章第二〇九頁

人類之生於宇宙間，自其公共之目的與公共之天職；卽各人各自濬發其良知良能，以供獻于社會，而使社會日以向上是已。

——《盾鼻集論文類》，第三十八頁，《表政府偽造民意密電書後》

社會上種種病徵，半由世界文明進化之軌不相順應。

——《盾鼻集論文類》，第八十八頁，《五年來之教訓》

社會既屢更喪亂，厭世思想不期而自發生；對於此惡濁世界，生種種煩懣悲哀，欲求一安心立命之所，稍有根器者，則必遁逃而入於佛。

——同上，第一六六頁

吾敢言我國之生計社會，實為將來新學說最好之試驗場；而我國學者對於此問題，實有最大之發言權；且尤當自覺悟其對此問題應負最大之任務。

——同上，第一八〇頁

我國人對於生計問題之見地，自先秦諸大哲，其理想皆近於今世所謂“社會主義”，二千年來生計社會之組織，亦蒙此種理想之賜，頗稱均平健實。

——同上，第一七九頁

社會日複雜，應治之學日多，學者斷不能如清儒之專研古典；而固有之遺產又不可蔑棄，則將來必有一派學者焉，用的最新科學方法，將舊學分科整治，擷其粹，存其眞。

——同上，第一八〇頁

墨子生孔子之後，時勢變遷，越發急轉直下。墨子又是個極端的人，不像孔子那種中庸性格。他覺得舊社會整個要不得，非從根本推翻改造不可。

——《墨子學案》，第四頁

貴富兩族，相競於奢侈；平民資產，被掠日甚。所以墨子特注意經濟組織的改造，要建設一種勞力本位的互助社會。

——同上，第七頁

把一切含著“私有”性質的團體都破除了，成為一個“共有共享”的團體；就是墨子的兼愛社會。

——同上，第二十一頁

從經濟新組織上建設兼愛的社會，這是墨學特色。

——同上，第二十八頁

定命說若成立，人類便沒有了自由意志，那麼，連道德標準都沒有了。人類便沒有了自動力，那麼，連甚麼創造都沒有了。那麼，人類社會便是死的，不是活的；便是退化的，不是進化的。所以墨子非命，是把死社會救活轉來的學說，

——同上，第五十五頁

世界愈文明，一切事業之規模愈大，而協力分勞之原則，適用愈廣；獨力能舉之事，行將絕跡於天壤。

——《國民淺訓》，第二十二頁

道德本為社會之產物。社會之境遇變遷，則道德之內容，亦當隨而變遷。徒襲取數千年前先哲遺訓之面目，必不足以範圍一世之人心；祇有率以虛偽而益其腐敗耳。

——同上，第二十八頁

我中國現在社會之人心，實依然為千百年來舊染所錮蔽。暮氣沈沈，惰力滿滿，若淤血積於體中，為百病之窟宅；故雖日進甘旨，曾不足以資榮華，而徒增其痼疾。積弱大原，實在於此。非我國民痛自警醒，痛自改悔，慊然自知不足，而抑然以人為師；其安能挽此頹風一新國命者乎？

——同上，第二十七頁

社會學所以能應運而生，可以說全部都建設在生物學基礎之上。不惟直接產生社會學而已，凡有關于人事之諸學科，如法律學，如經濟學，如政治學，如宗教學，如歷史學，都受了他的刺戟，一齊把研究方向挪轉。

——《飲冰室文集》，第六十八卷第八頁，《生物學在學術界之位置》

社會之組織未變，社會是所有的社會，要想打破所有的觀

念，大非易事；因為人生在所有的社會上，受種種的牽制，倘有人打破所有的觀念，他立刻便缺乏生活的供給。

——同上，第二十七頁，《“知不可而為”主義與“為而不有”主義》

有益身心的聖哲格言，一部分久已在我們全社會上，形成共同意識。我既做這社會的一分子，總要徹底了解他，纔不至和共同意識生隔閡。

——同上，第七十卷第三十七頁，《國學入門書目及其讀法》

社會的偏枯缺憾，無時不有，無地不有，只要你忠實觀察，自然會引起你無窮悲憫。

——同上，第五十三頁

從來社會思潮，便是政治現象的背景。政治現象，又和人生活息息相關。所以思潮不健全，國政和人事一定要受其敝。

——同上，第七十二卷第七頁，《歐游心影錄節錄》

社會組織變更，原是歷史上常態，牛活就跟著他慢慢蛻變，本來沒有什麼難處。但這百年來的變更却與前不同。因科學發達結果，產業組織，從根抵翻新起來，變旣太驟，其力乂太猛，其範圍又太廣，他們要把他的內部生活湊上來和外部生活相應，却處處措手不及。

——同上，第八頁

凡一個人，若是有兩種矛盾的思想在胸中交戰，最是苦痛不過的事，社會思想，何獨不然。

——同上，第七十二卷第十二頁

假如全社會都是罪惡，我的“人格”受了他的漸染和壓迫，如何能健全？由此可知人格是個共通的，不是個孤另的。想自己的人格向上，唯一的方法，是要社會的人格向上。然而社會的人格，本是從各個“自己”化合而成。想社會的人格向上，唯一的方法，又要自己的人格向上。這就是意力和環境攜提便成進化的道理。

——同上，第十四頁

對於社會上有力量的學說，不管出自何人，或今或古，總許人憑自己見地所及，痛下批評。批評豈必盡當，然而必經過一番審擇，纔能有這批評，便是開了自己思想解放之路。因這批評，又引起別人的審擇，便是開了社會思想解放的路。

——同上，第二十頁

一羣人為甚麼能給合起來，靠的是一種共同生活的規條，大衆都在這規條的範圍內分工協力。若是始終沒有規條，或是規條定了不算帳❶，或是存了一個利用的心，各人仍舊是希圖自己的便利，這羣體如何能成立？便不能共同生活。

——同上，第二十四頁

從前過的是單調生活，不是共同生活，自然沒有什麼合理的公守規條。從前國家和家族，都是由命令、服從兩種關係結構而成。命令的人，權力無上，不容有公認規則來束縛他；服從的人，只隨時等着命令下來，就去照辦，也用不着公認規則。因此之故，“法治”兩字，在從前社會，可謂全無意義。人類的開化是向共同生活而趨，便叫我們覺得沒有組織便不能存活。

——同上，第二十四頁

社會主義，自然是現代最有價值的學說，國內提倡新思潮的人，漸漸的注意研究他，也是很好的現象。但我的意見，提倡這主

❶ “算帳”，當為“算賬”。——編者註

義，精神和方法，不可併為一談。精神是絕對要采用的。這種精神，不是外來，原是我所固有。孔子講的“均無貧和無寡”，孟子講的“恆產恆心”，就是這主義最精要的論據。

——同上，第二十六頁

令工業組織一起手便是合理健全的發展，將來社會革命這個險關，何嘗不可以免掉。

——同上，第二十七頁

在物質的組織之下，全社會像個大機器，一個輪子出了毛病，全副機器停擺，那痛苦真說不盡。只怕從今以後崇拜物質文明的觀念，總有些變動罷。

——同上，第七十三卷第一頁

社會主義，是要將現在經濟組織不公平之點，根本改造。改造方法，雖然種種不同，或主共產，或主集產，或主生產事業全部由能生產的人管理，或主參加一部分，或用極端急進手段，或用平和漸進手段。要之對於現在經濟的組織，認為不合人道，要重新組織一番，這就是社會主義。

——同上，第七十四卷第三十八頁

社會政策，是在現在的經濟組織之下，將那不公平之處，力圖救濟。救濟方法，或是從租稅上求負擔平均，或是保護勞工，不叫資本家虐待，雖然許多良法美意，却與根本改造問題無涉，這就是社會政策。

——同上，第三十八頁

社會對於政治問題，絕無興味，既不感覺政治與已身利害關係之切密，又不自信已身之力之能左右政治；既厭事，又畏事，在此種社會之下而欲為政治運動，無論如何，必不能從社會根抵有所發動，其日日活動者仍不過社會之遊離分子。

——同上，第七十五頁❶、第三十一頁，《時事雜論》

無良社會則無良政治，此原則固為吾曹所篤信。然欲改良此社會，當何途之從？必使靜止的社會，變為動進的社會，然後他事乃有可言。若欲使社會由靜而動，由止而進，則非常有所刺激衝動不可。

——同上，第三十一頁

吾以為中國今日之社會主義運動，有與歐美最不相同之一點焉：歐美目前最迫切之問題，在如何而能使多數之勞動者地位得以改善；中國目前最迫切之問題，在如何而能使多數之人民得以變為勞動者。

——同上，第三十二頁

在今日之中國而言社會主義運動，有一公例當嚴守焉，曰：在獎勵生產的範圍內為分配平均之運動。若專注分配而忘却生產，則其運動可謂毫無意義。

——同上，第三十三頁

今日中國之社會運動，當以使多數人取得勞動者地位為第一義。地位取得，然後改善乃有可言。

——同上，第三十三頁

外國資本家之對於其本國勞動者也，雖掠奪其勞力結果之一部份，然猶出其餘瀝以為河潤，療焉而未至於死也。我國人則被其掠奪並餘瀝而不可得，乃搤吾吭而絕吾粒。外國之勞動者，欲恢復其被掠奪之部分，則直接向本國資本家算帳而已。其在我國，則本國人尚不配作掠奪者，而須間接向外國資本家算帳，倘然終不能有向

❶ “頁”疑為“卷”。——編者註

外國資本家算帳之能力，則雖本國資產階級永遠不發生，而吾民之瘵而死者且日相望也。

——同上，第三十三頁

在獎勵生產的範圍內，為分配平均之運動。若專注分配而忘卻生產，則其運動可謂毫無意義。❶

——同上，第三十四頁

試將社會主義家所提出數種主要救濟方法一校檢之。其第一法則，則將原有生產機關，由直接在該機關內服勞役之人共同管理也。此法是否為最良之法，姑勿深論。然欲行此法，必先以國內有許多現成之生產機關為前提。

——同上，第三十四頁

以社會主義運動之立場而論，欲此主義之傳播與實現，不能不以勞動階級為運動之主體；勞動階級不存在之國家，欲社會主義實現，其道無由。而勞動階級之發生，恆必與資本階級相緣。故必有資本階級，然後有勞動階級，有勞動階級，然後社會主義運動有所憑藉。

——同上，第三十六頁

勞動階級者，非游民階級之謂。勞動階級者，以多數有職業之人形成之。此項有職業之人，結合團體，擁護其因操業所得之正當利益，毋使人掠奪，此在道德上為至當，在事勢上為至甚。若夫無業游民，則與此異。彼本來並非所謂因操業所得之正當利益，則更何擁護之可言？故勞動階級可以責人掠奪其剩餘，可以向人索還其所掠奪。游民階級則不能有此權利。遊民而分有有業者之利益，其

❶ 此條與前文有文義重複，而出處不同。——編者註

事還同於掠奪。今穿短衣服跑腿的人，雖盈天下，然其中實分為勞動者與游民者兩大類，此不容併為一談。其屬於勞動者之一類，則可以為社會運動之主體者也，其屬於游民之一類，則決不可以為社會運動之主體者也。

——同上，第三十七頁

勞動階級之運動可以改造社會，游民階級之運動只有毀滅社會。

——同上，第三十七頁

“勞動階級”一語，本含廣狹二義。廣義的解釋，自然凡農民及散工悉含在內。狹義的解釋，則專指在新式企業組織之下傭工為活的人。而社會運動之主體，必恃此狹義的勞動階級。

——同上，第三十七頁

勞動階級發生，資本階級亦必同時發生，二者殆如狼狽之相依而不可離。吾儕既希望吾國有真正之勞動階級，而勞動階級與資本階級為孿生兄弟。若是乎，資本階級所隨帶之罪惡，自必相緣而至。吾儕在今日，不可不先有徹底的覺悟，然後根据此覺悟以講救治之計劃。質言之，則對於資本家當持何種態度，實今日言社會主義者最切要之問題。

——同上，第三十八頁

今日社會主義運動家，或以熱心太盛之故，深嫉乎有產階級、智識階級之腐敗不足與語也；又見乎勞動階級之人少而力微，且性質亦帶保守，不易鼓動也，于是“為目的不擇手段”轉而思利用游民。夫天下之最便於利用者，誠莫遊民若也。而利用所生之結果，必至全反其所期。

——同上，第四十頁

凡一個社會當過渡時代，魚龍混雜的狀態，在所不免？在這個當口，自然會有少數人走錯了路，成了時代的犧牲品，但算起總帳來，革新的文化，在社會上總是有益無害。因為這種走錯路的人，對於新文化本來沒有什麼領會，就是不提倡新文化，他也會墮落。那些對於新文化確能領會的人，自然有法子鞭策自己規律自己，斷斷不至於墮落。

——《辛亥革命之意義與十年雙十節之樂觀》

社會上因為政客成了個壞名詞，便相戒不談政治；學生因為知道想做官是可恥，便遲疑不肯學法政。這不能不說是近兩三年來一種社會病態。

——《無槍階級與有槍階級》

社會是個有機體；凡有機體的生活，都是以構成他本身之分子的運動為養命之源。倘若"構成分子"運動停息，那有機體便活不成了。

——《外交歟內政歟》

天下幾多不平等不自由的事，受者不知感幾大的痛苦，而施者以為當然，在家庭裏、社會裏、國家裏充滿了愁痛、鬱抑、憤恨、乖離，不是釀起大亂，便是把全個社會憔悴銷沈下去完結！

——《戴東原哲學》

社會文化是整套的，要拿舊心理運用新制度，決計不可能，漸漸要求全人格的覺悟。

——《五十年中國進化概論》

社會秩序稍恢復之後，個性本能自日益發揮，而機體之本能隨之。

——《大中華發刊辭》

嗚呼！我國民乎！當知吾儕所棲托之社會，孕乎其間者，不知幾許大事業；橫乎其前者，不知幾許大希望。及中國一息未亡之頃，其容我迴旋之地，不知凡幾。吾儕但毋偷、毋倦、毋躁、毋騖，隨處皆可以安身立命，而國家已利賴之。

——《大中華發刊辭》

中國社會，最易消磨人物，而斲喪其英氣，自昔有然，今則尤甚，鄙人歸國旬餘，感此汚濁之空氣，已在在覺其可危；苟非有自克之毅力，常抵抗社會之惡潮流，則入而與之俱化。

——《蒞同學歡迎會演說辭》

大抵一社會之進化，必與他社會相接觸，吸受其文明而與已之固有文明相調和，于是新文明乃出焉。歐洲各國所以常進化無已，而我國所以數千年凝滯不進者，則與他社會接觸之多寡難易使然也。

——《蒞廣東同鄉茶話會演說辭》

制度者，社會之產物也。制度之為用，雖時或可以匡正社會狀態之一部分，然萬不能離社會以創制度，更不能責制度以造社會。

——《述歸國後一年來所感想》

十年來之中國，日日以離社會創制度為事：其極也，乃取凡與我社會絕不相容之制度，無大無小，悉移植之；植而萎焉，則咎制度之不善，而更謀改植。故凡百制度，日日皆在試驗中。

——《述歸國後一年來所感想》

夫託生命於政府之社會事業，在法固不能謂之為社會事業。以非社會事業，而冒社會事業之名，則非惟今茲之偽社會事業必不能久也；而將來之眞社會事業，且緣而窒其發育，何也？人民將誤解社會事業之眞相，而凡從事於此類事業者，或且以結託政府為必要之條件。則其結果，必至與今之所謂社會事業者，同一末運，謬種相襲，而終於澌滅也。其能觀社會事業眞相之人，又且將引嫌而不肯自效也。不甯惟是，以政府而宰制社會事業之生命，非直不利於社會事業也，而又不利於政府。蓋二者相結，一方面既導社會事業於腐敗，而一方面又導政府於黑闇也。

——《述歸國後一年來所感想》

夫今日之社會事業，曷為而必求基礎於政府，則以社會無基礎故。夫社會無基礎，則豈復成社會；然則非無也，薄弱而已矣。以薄弱之社會基礎，謂宜先發生規模緊小之社會事業，或可以乘載之而無傾躓，待其體已具而徐圖恢廓也。

——《述歸國後一年來所感想》

凡社會之現象，無一非思潮之產物也。政治與制度，則社會現象之一種而已。故覘國者必於其思潮焉覘之。

——《述歸國後一年來所感想》

一社會與他社會相接搆，緣夫制度文物之錯綜嬗受，而思想根本不免隨而搖動。其人民彷徨歧路，莫知所適，其游離分子之浮動於表面者，恆極一時之險象。以吾所睹聞，東西各國，其不歷此關厄而能自躋於高明者蓋寡。若其結果之美惡，則視其根器所憑藉之深淺厚薄以為斷。

——《中國道德之大原》

凡一社會，必有其所公認之道德信條，由先天的遺傳，與後天的薰染，深入乎人人之腦海而與俱化；如是，然後分子與分子之間，聯鎖鞏固。而社會之生命，得以永續。一舊信條失其效力，而別有一新信條與之代興，則社會現象生一大變化也。若新信條涵養未熟、廣被未周而舊信條先已被棄，則社會泯棼之象立見。

——《中國道德之大原》

全社會之人，各如其量以盡其天性，天下之平乃莫過是也。

——《中國道德之大原》

凡一社會必賴多數人之共同協力，乃能生存發達。全社會中所必須之職務，無限無量，而一一皆待社會之箇人分任之；人人各審其分立所在，而各自盡其分內之職，斯社會之發榮滋長無有已時。苟人人不安於其本分，而日相率以希冀於非分，勢必至盡荒其天職，而以互相侵軼為事，則社會之組絕矣。夫人類貴有向上之心，苟其無焉，則社會將凝滯不進；安分之念太深，則向上之機自少，此固無容為諱者也。

——《中國道德之大原》

全社會皆習於傲倖，則人人失其安身立命之地，社會之基礎，安得而不動搖。

——《中國道德之大原》

夫分也者，物之則也。吾國倫常之教，凡以定分，凡以正則也；而社會之組織，所以能強固緻密搏之不散者，正賴此矣。

——《中國道德之大原》

夫人之生於世也，其受過去、現在社會之恩我者，無量無極；我受之而求所以增益之，以詒諸方來，天下最貴之天職，莫過是也。

——《中國道德之大原》

有報恩之義，故能使現在社會與過去社會相聯屬；有慮後之義，故能使現在社會與將來社會相聯屬；有明分之義，故能使現在社會至賾而不可亂，至動而不可惡也：三義而立，三世備矣。

——《中國道德之大原》

社會種種罪惡，強半皆政治現象所造成；政象不變，其導社會日趨於下者且不知所屆。而從事社會事業之人，乃如捧土以塞孟津，雖勞何補？

——《政治之基礎與言論家之指針》

社會事業，强半須政府積極扶助，啟發，然後能成；卽不爾，亦須消極的方任，乃有發榮滋長之餘地。而在惡政府之下，時或不惟不助長之，而更摧殘之；則所謂社會事業者，何由自存？

——《政治之基礎與言論家之指針》

社會事業，殖其萌蘖已大不易易，而政治現象旣予人以不安，一有變故，遂見破壞，人人有汲汲顧影之心，誰肯從事？

——《政治之基礎與言論家之指針》

今世各國，殆無不以社會問題為苦。朝野上下，咸汲汲思所以救濟解決之。救濟解決之法，不外使無業之人有道以得業。其法不能行則無論耳；但使能行，則未有不為國家之利。蓋予無業之人以業，則其人之勞力，不至廢棄不用，而得出之以為國家從事生產也。中國此種奇特之社會問題，則正相反：不救濟之，則個人暫蒙苦痛已耳。若思救濟之，勢必舉全國可以有業之人，悉變為無業。而全國之聰明才力，乃眞廢棄不用矣。

——《作官與謀生》

夫社會之敝極於今日，而欲以手援天下，夫孰不知其難？雖然，舉全國聰明才智之士，悉輳集於政界，而社會方面，空無人焉；則江河日下，又何足怪？吾雖不敏，竊有志於是；若以言論之力，能有所貢獻于萬一，則吾所以報國家之恩我者，或于是乎在矣！

——《良知與學識之調和》

吾儕對於社會之天職，卽盡吾戔戔之力，助促社會使止于至善而已！

——《菲斯的人生天職論述評》

凡社會一象之存，必有其歷史；而歷史又自有其胎育之原。

——《孔子教義實際裨益於今日國民者何在欲昌明之其道何由》

社會凡百事物，今大與古異，東亦與西異；獨至人之生理與其心理，則常有所同然者有。

——《孔子教義實際裨益于今日國民者何在欲昌明之其道何由》

大抵極端之社會主義，微特今日之中國不可行，卽歐美亦不可行，行之其流弊將不可勝言。若近來所謂國家社會主義者，其思想日趨於健全，中國可採用者甚多；且行之亦有較歐美更易者。蓋國家社會主義，以極專制之組織，行極平等之精神，於中國歷史上性質，頗有奇異之契合也。以土地盡歸于國家，其說雖萬不可行；若夫各種大事業，如鉄路、鑛務、各種製造之類，其大部分歸於國有，若中國有人，則辦此眞較易於歐美。特惜今日言之，非其時耳！

——《新大陸遊記節錄》

吾中國社會之組織，以家族為單位，不以個人為單位；所謂家齊而後國治是也。周代宗法之制在今日其形式雖廢，其精神猶存也。竊嘗論之：西方阿利安人種之自治力，其發達固最早，卽吾中國人之地方自治宜亦不弱於彼；顧彼何以能組成一國家，而我不能？則彼之所發達者，市制之自治，而我所發達者，族制之自治也。試遊我國之鄉落，其自治規模，確有不可掩者；卽如吾鄉不過區區二三千人耳，而其立法行政之機關，秩然不相混，他族亦稱是。若此者，宜其為建國之第一基礎也；乃一遊都會之地，則其狀態之凌亂，不可思議矣。凡此皆為族民而不能為市民之明證也。

——《新大陸遊記節錄》

夫形成社會之性質者，個人也；而鑄造國人之性質者，又社會也。故人性恆緣夫社會周遭之種種普通現象、特別現象而隨以轉移。

——《中國之武士道序例》

為國民者，不能以今日國家之現象自安，明也。但使我國家既進步而得馳騁於世界競爭之林，則夫今日世界各國之大問題，自無一不相隨以移直於我國又勢所必至也。然則社會主義一問題，無論以世界人類分子之資格，或以中國國民分子之資格，而皆不容以對岸火災視之，抑章章矣！

——《社會主義論序》

夫社會的觀念與將來的觀念，正人之所以異於禽獸者也。苟其無之，則與禽獸無擇也。同為人類，而此兩觀念之或深、或淺、或廣、或狹，則野蠻文明之級視此焉，優劣勝敗之數視此焉。今且勿論一國，勿論一族，即以一家校之，使其家之先輩，漠然不為子孫將來之計，則家之索可立而待也。雖然，既已謂之人類，則此兩種觀念者，則已自無始以來之羯磨而熏之受之，雖有深淺廣狹，而其本性中無此根器者，未或聞也。故雖有愚不肖之夫，要能知節制其現在快樂之一部分，以求衰老時之快樂，犧牲其本身利益之一部分，以求家族若後代之利益：此種習性，我國人之視他國，尤深厚焉；此即我將來可以競勝於世界之原質也！

——《余之死生觀》

凡社會之所恃以為生利者，不外三事：曰土地，曰勢力，曰資本。企業者則結合三事而利用之。土地所得名曰租，勞力所得名曰庸，資本所得名曰息，企業所得名曰贏。然租庸率之高下，常與息率之高下成反比例。蓋同一資本，投諸租昂之土地，而用厚庸之勞力以治之，則其所得息必嗇；反是，則其所得息必豐，此理之至易睹者也。為企業家者，苟能利用廉息之資本，而得租庸兩錢之地以為業場，則獲贏之鉅，將莫與京焉。

——《外債平議》

社會多數之個人中，有強者，有弱者，甚不平等，且其不平等也無臬線。自有強制的組識，而強者弱者皆為被制者，不過強者所占地位廣，弱者所占地位狹耳。其廣狹之懸絕，充其量至於如一分與九十九分之比例，可謂極矣。然以有強制的組織，故此一分之狹地位，仍得保障，故強制有益於弱者也。若夫強者之地位，前此不過為事實的行為，及得強制的組織，而始變為適法的行為；故強制有益於強者也，故曰調和也。

——《開明專制論》

腐敗之社會，決不能有健全之政府；健全之社會，亦決不容有腐敗之政府。今欲責政府以健全，吾誠無術矣；社會欲自求健全，則其權豈不在社會耶？欲使全社會遽進於健全，則吾誠無術矣；欲使吾自己為社會中一健全分子，則其權豈不在我耶？夫我自己固眇乎其小也，曾亦思中國國家，亦不過合四萬萬個之自己而成；人人皆發願自己造善業不造惡業，而健全之社會出焉矣！

——《國家運命篇》

社會無時不競也；而其交通不頻繁，接搆不切密，則其相競之範圍不廣，而相競之影響不劇。

——《子墨子學說》

凡一社會之發達，其始莫不賴宗教迷信之力，中國亦何獨不然。中國初民時代迷信之狀態，雖不可考，然散見於六經六緯及百家言者，尚多不可悉數。及孔老倡學，全趨於哲學及社會之實際，舉國學者，靡然從風，其宗派雖殊，然其為迷信之敵則一也。

——《子墨子學說》

當社會之結合稍進，則對內對外之事件日賾，其間必藉有智術者或有膂力者，內之以維持社會之秩序，外之以保障社會之安甯；于是全社會之人德之，而其功名成焉。寖假其人及其輔翼者，遂獨佔優勢於社會。

——《中國法理學發達史論》

人之有語言，其所以秀於萬物乎？所懷抱於中者，能曲折傳達之，以通彼我之情，于是知識之交換起，而模倣性日以發達；此社會心理成立之第一要素，而人類進化之筦鑰也。與語言相輔而廣其用者曰文字，時地閒閡，語言用窮，有文字則縱橫萬里之空間，上古百代之時間，皆若覿面相接，社會心理之所以恢廓而愈漲，繼續而不斷者，賴是也？

——《國文語原解》

凡一社會與他社會相接觸，則必產出新現象，而文明遂進一步。上古之希臘殖民，近世之十字軍東征，皆其成例也。然則統一非必為進步之障也，使統一之於內，而交通之於外，則其飛躍或有更速者也。

——《新民說》

六、教　育

教育是教人生活的，生活是要靠職業的，受完了某種程度的教育，立刻可以得着相當的職業，而且得着之後，能彀勝任愉快，這種教育纔算有效用。

——《學術演講集》，第一輯第四十四頁，《我對於女子高等教育希望特別注意的幾種科學》

女子是要以一個人的資格，經營他自主的生活，各人都要預備一套看家本領來做職業的基礎。

——同上，第四十四頁

教育的目的，總要使受教育的人各盡其性，發揮各人最優長的本能，替社會做最有效率的事業。

——同上，第一輯第四十五頁

倘若中小學裏須沒有好好的國史教育，國民性簡直不能養成。

——同上，第一輯第四十六頁

凡屬於發揮整理力的學科，都可以為女子專業。

——同上，第一輯第五十頁

教育家無論多大能力，總不能把某種學問教通了學生，只能令受教的學生當着某種學問的趣味，或者學生對于某種學問原有趣味，教育家把他加深加厚。

——同上，第一輯第一五一頁，《趣味教育和教育趣味》

教育事業從積極方面說，全在喚起趣味；從消極方面說，要十分注意不可以摧殘趣味。

——同上，第一輯第一五三頁

教育的天職，只要養成遇事考慮的習慣，而且教人懂得考慮的方法。

——同上，第二輯第一〇三頁，《教育與政治》

你想誨人不倦嗎？只要學不厭自然會誨人不倦。

——同上，第二輯第一一八頁，《教育家的自家田地》

只要你日日學，自然不厭；只要你日日誨人，自然不倦。

——同上，第二輯第一一八頁

學生所得於講師者，非在記憶其講義以資一度之考試；乃在受取講師之研究精神及研究方法。質言之，其獲益最重要之點，則學者的人格之感化也。

——《飲冰室文集》，第六十八卷第二十頁，《自由講座制之教育》

講師之薰陶學生，除講堂授課之外，更大有事也。則可以察其性之所近，因勢而利導，而學生之自發的研究，乃可以日進也。則天才瑰特之士，不至為課程所局，可以奔軼絕塵盡其才矣。如此則教育不至為“機械化”，不至為“凡庸化”，社會上真面目之人才，或可以養成也。

——《飲冰室文集》，第六十八卷第二十頁，《自由講座制之教育》

我們主張趣味教育的人，是要趁兒童或青年趣味正濃而方向未決定的時候，給他們一種可以終身受用的趣味。這種教育辦得圓滿，能彀令全社會整個永久是有趣的。

——《飲冰室文集》，第六十八卷第三十二頁，《趣味教育和教

育趣味》

就學而有所謂畢業，自今世機械的學校教育始。就學而有畢業，於是學校與社會生活，始分為兩橛，學校中業其所業，與社會渺不相屬，及其去學校也，則又舉向之所業，長揖而永謝之。嗚呼！畢則畢矣，吾不知所業為何等，而業此者又何居也。

——同上，第七十卷第八頁，《師範大學第一次畢業同學錄序》

今日非諸君子畢業之時，乃諸君子始業之時也，知其為始業，則終其身毋或與所學者長揖而謝，雖去其校猶未去也。人人永保持在校之精神於去校以後，則母校之生命榮譽，得分寄遞衍以長留天地間，所以愛校者何以加此？

——同上，第八頁

教育為國家所懸命，則知能教育者與被育者之聯絡關係，實全民族榮悴之所由決定。

——同上，第九頁，《孟祿講演集序》

今日立身教育界而確認識其自身之價值及責任者，究有幾人？有此認識而心力、學力俱足以副之者，更有幾人？言念及此，不寒而慄。

——同上，第九頁

學生受國史教育完了之後，於先民之作業全不能得明確的印象，則對於祖國不能發生深厚的情愛。

——同上，第十頁，《中國國史教本改造案並目錄》

學生做課外學問是最必要的。若只求講堂上功課及格，便算完事，那麼，你進學校，只是求文憑，並不是求學問。你的人格，先已不可問了。再者，此類人一定沒有“自發”的能力，不特不能成為一個學者，亦斷不能成為社會上治事領袖人才。

——同上，第三十四頁，《國學入門書要目及其讀法》

人生一世的習慣，出了學校的門限，已經鑄成了。所以，在學校中不讀課外書，以養成自己自動的讀書習慣，這個人簡直是自己剝奪自己終身的幸福。

——同上，第三十五頁

平民教育應該怎樣教育法呢？我想不外兩種：（1）從私的方面說，要教育他們學做現代的人。（2）從公的生活方面說，要教育他們學做共和國的國民。

——《外交歟內政歟》

普通學校目的，在養成健全之人格，與其生存發展社會之能力，此為全教育系統之精神；大學校之目的，固亦不外乎是。然大學校之所以異於普通學校，而為全國最高之學府者，則因于普通目的以外，尚有特別之目的在，固不僅其程度有等差而已。特別之目的維何？曰研究高深之學理，發揮本國之文明，以貢獻於世界之文明是焉。

——《蒞北京大學校歡迎會演說辭》

施普通教育之學校，其所授之智識，為人類生活上、社會上日用所必具之智識，所訓練之能力，為人類生活上、社會上日用所必具之、能力，如是而已。而大學校之所授者，則不僅人類生活上、社會上日用尋常所必具之智識、能力，而為一切現象之法則，所謂科學者是也。此不獨大學校與普通學校之分在是，而大學校與專門學校之別亦全在此。

——《蒞北京大學校歡迎會演說辭》

專門學校之目的，在養成社會上技術之士；而大學校之目的，則在養成學問之士，故專門學校之所授，雖多科學之原理，而所重者在術，不過因學以致用。大學校之所授，雖亦有技術之智識，而所重者在術，不過因術以明學。我國往往學術連用，漫無區別；殊不知兩者迥不相同，固不能連而為一者也。

——《蒞北京大學校歡迎會演講辭》

專門學校之精神，在實際之應用；而大學校之精神，則在研究與發明。故凡人類間具有統系之智識，大學校莫不引為學科，固不問其按切實用與否也。

——《蒞北京大學校歡迎會演說辭》

夫大學校之目的，既在研究高深之學理；大學校之學課，又復網羅人類一切之系統智識。則大學校不僅為一國高等教育之總機關，實一國學問生命之所在，而可視之為一學問之國家者也。

——《蒞北京大學校歡迎會演說辭》

學問為文明之母，幸福之源；一國之大學，卽為一國文明幸福之根源。其地位之尊嚴，責任之重大，豈抑我人言語所能盡歟?

——《蒞北京大學校歡迎會演說辭》

學生以德之未脩，學之未成，始入學校求學；則在學校之中，自當服從校長、教師之訓導，不然又安名為學生?學生中有言自由者，實不學之誤也。

——《蒞北京大學校歡迎會演說辭》

一國之中一切皆可言自由，唯軍隊與學生，乃不能言自由。軍隊言自由，則不僅全軍瓦解，不能成軍；且足以擾亂秩序，其危險莫可名狀。學生言自由，亦不僅學業無成，教育無效；其影響於社會、國家，所關殊非淺鮮。

——《蒞北京大學校歡迎會演說辭》

專制國之學生，不必養成其服從之德；而共和國之學生，設不於其受教育之日，訓練其能守服從之德，則國基殆危，害莫勝言矣。

——《蒞北京大學校歡迎會演說辭》

人固貴有發揚蹈厲之精神，而後始能在社會任事；惟發揚蹈厲之精神，當用之於做事之時，不能用之於求學之時。學生在求學時代，當善養其發揚蹈厲之精神，則他日學成以後，庶能發揮此精神於事業。

——《蒞北京大學校歡迎會演說辭》

學生若不於求學之時，養成冷靜之頭腦，則於學問之業，日相去而日遠矣。靜穆之風，可不貴哉！簡言之：靜穆之風，一則以養成冷靜之頭腦，一則以養發皇之精神。在學校之日，以之脩業而進德，卒業之後，則賴之以任事而成功。此為學生至可寶之學風。

——《蒞北京大學校歡迎會演說辭》

夫教育之效果，則社會之抽象的教育最重，而學校之具體的教育次之。社會教育，則內務部與教育部會同設施者多；而學校教育，則教育部之專責也。夫欲改良一國之社會教育，則不外因固有遺傳之國民性，而增美釋回焉耳。

——《政府大政方針宣言書》

國民教育以培養師範為先，人才教育以注重實業為主。今日大患，在國中才智之士，罕肯從事教育，故師範愈窳，而學基愈壞。故城鎮鄉之自治業，其什之九八宜集中於教育；而尤以養成單級教授之師範，為下手第一著，其高等教育，現在惟授法政之校，各地林立；致國民心理，認求學與得官為一事。豈惟學績有偏畸之患，仕途之冗濫，吏治之頹廢，恆必由茲。故一面嚴行監理諸私立大學，一面獎勵工商諸學，實當務之急也。至於學風之嚴格整頓，教科書之評慎審定，又政府所責無旁貸者也。

——《政府大政方針宣言書》

教育之職務，原在導發人之本能，而使之自立自達；卽采極端保育政策之國，亦豈能時時取國人而一一强授之以道德學問，如以唧筒灌水于瓶盂者。況我國數千年來，本以在宥為治，而今之官僚政治殊未整肅，絕不能收保育政策之實效。故今日中國，凡百事業，與其望諸國家，不如望諸社會；與其望諸社會，又不如望諸個人，不獨教育為然矣！

——《孔子教義實際裨益于今日國民者何在欲昌明之其道何由》

中國今日，舉國中未有能知教育者，此無足為諱也。必不得已，惟有虛心訪問，勿自尊大，而常以愛學生為目的；則雖不能完備，而可望有漸趨完備之一日。若欲仇民權、自由之論，運手段以壓制之，吾敢信其雖總辦易十人，而學生之不能安如故也。學生不知此義則已耳，苟其知之，則無復有能壓制者。今日辦學校者，果有何術能使此等公理不入於學生之腦？既不能彼，而欲禁此，此百舉百敗之道也。

——《答某君問辦理南洋公學善後事宜》

吾中國今日所大患者二：一曰無活潑進取之力，二曰無自治紀律之理。辦學校者，所以養成國民也，當針對此兩大缺點而藥治之：於精神上鼓舞其自由，於規則上養慣其秩序。今中國少年言自由者紛紛，其實非能知眞自由也；不知眞自由，而競好偽自由，則自由之毒，不可勝言。

——《答某君問辦理南洋公學善後事宜》

破壞思想既起，其極也，必取不可破壞者而亦破壞之，燎原之勢，誰能扑耶？故精神上有所變革，而欲求規則之能實行，必不可得也。苟精神既健全矣，則於其形式上之規則，又不可以不極嚴；

不然，不足以養成有團結力之國民也。苟能爾爾，則吾敢信學生必無有騷動之事。學生之識力，隨教育之軌道而進者也；惟教者不循軌道，斯受教者亦軼出軌道之外矣。

——《答某君問辦理南洋公學善後事宜》

中國自數年以來，學校之議蜂起，或官立或私立，各省所在多有。雖然，吾不知其所以設校之意：將以智之乎？抑以愚之乎？將欲養之，使為國家禦侮之用乎？抑將為此侁侁衿纓，謀他日衣食富貴之路乎？彼設校者豈不曰：吾將智之，使為國家禦侮之用也。雖然，吾見彼入學者，自益以愚；而叩其來學之心，有不為他日一身之衣食富貴而來者，殆萬中不得其一也。以此言之，學堂其有愈於書院乎？西學其有愈于八股乎？吾烏從而言！

——《自由書·精神教育者自由教育也》

凡一統專制之國，值承平無事之時，但求輯和其民，使無反側，而政府之能事畢矣！若是者，以服從為教可也！若夫處於萬馬奔逸，萬流激端，鬥智鬥力之世界，立於千鈞一髮，孤注一擲，累卵岌岌之地位。非濬一國之智，鼓一國之力，則奄奄殘喘，豈復有救。夫所以濬之、鼓之之具何也？自由是也！自由者，精神發生之原力也。嗚呼！日本之國家教育，尚未克語于此，吾于中國更何責焉？

——《自由書·精神教育者自由教育也》

文明人何以有宗旨？宗旨生於希望，希望生於將來；必其人先自忖自語曰：“吾將來欲如是如是。”此宗旨之所由起也。曰：“吾將來必如何，然後可以如是如是。”此宗旨所由立也。愈文明則將來之希望愈盛。教育制度所以必起於文明之國，而野蠻半開者無之，何歟？教育者，其收效純在於將來，而現在必不可得見者也。

然則他事無宗旨，猶可以苟且遷就；教育無宗旨，則寸毫不能有成。何也？宗旨者，為將來之核者也，今日不播其核，而欲他日之有根、有芽、有莖、有幹、有葉、有果，必不可期之數也。

——《論教育當定宗旨》

一國之教育，與一人之教育，其理相同。父兄之教子弟也，將來欲使之為士，欲使之為農、為工、為商，必定其所嚮焉，然後授之；未有欲為箕者而使之學冶，欲為矢者而使之學函也。惟國亦然，一國之有公教育也，所以養成一種特色之國民，使之結為團體，以自立競存於優勝劣敗之場也；然欲達此目的，决非可以東塗西抹，今日學一種語言，明日設一門學科；苟且敷衍，亂雜無章，而遂可以收其功也。故有志於教育之業者，先不可不認清“教育”二字之界說，知其為製造國民之具；次不可不具經世之炯眼，抱如傷之熱腸，洞察五洲各國之趨勢，熟考我國民族之特性，然後以全力鼓鑄之。由前之說，則教育宗旨所由起也；由後之說，則教育宗旨所由立也。

——《論教育當定宗旨》

凡一國之能立於天地，必有其固有之特性，感之於地理，受之於歷史，胎之於思想，播之於風俗。此等特性，有良者焉，有否者焉：良者務保存之，不徒保存之而已，而必採他人之可以補助我者，吸為己有而增殖之。否者務刮去之，不徒刮去之而已，而必求他人之可以匡救我者，勇猛自克而代易之。以故今日各國之教育宗旨，無或有學人者，亦無或有不學人者。不學人然後國乃立，學人然後國乃强。要之，使其民備有人格享有人權，能自動而非木偶，能自主而非傀儡，能自治而非土蠻，能自立而非附庸。為本國之民，而非他國之民，為現今之民，而非陳古之民；為世界之民，而非陬谷之民。此則普天下文明國家教育宗旨之所同，而吾國亦無以易之者也。

——《論教育當定宗旨》

七、宗　教

倘若有人利用一種信仰的招牌來達他種目的，我們不能承仰這個人有信仰。

——《學術演講集》，第一輯第七十頁，《評非宗教同盟》

我所謂宗教，是要把一類“非信仰的”淘汰了，赤裸裸的來研究信仰的本質。

——同上，第一輯第七十頁

宗教這樣東西，完全是情感的。情感這樣東西，含有秘密性，想要用理性來解剖他是不可能的。

——同上，第一輯第七十一頁

只有情感能變易情感，理性絕對不能變情感。

——同上，第一輯第七十一頁

我在我所下的宗教定義之下，認宗教是神聖，認宗教為人類社會有益且必要的事物；所以我自己徹頭徹尾承認自己是個非非宗教者。

——同上，第一輯第七十六頁

信仰是神聖，信仰在一個人為一個人的元氣，在一個社會為一個社會的元氣。

——第一輯第八十頁

墨子的宗教思想，有一個附屬主義，曰“非命”。這個主義，直擣儒道兩家的中堅，於社會最為有益。“命”是儒家根本主義之一，儒說之可疑處，莫過此點。我國幾千年的社會，實在被這種“命定主義”阻却無限進化。

——《墨子學案》，第五十三頁

一個人對於所信仰的宗教，對於所崇拜的人或主義，那種狂熱情緒，旁觀人看來，多半是不可解，而且不可以理喻的。然而一部人類活歷史，却什有九從這種神祕中創造出來。

——《飲冰室文集》，第六十八卷第五頁，《人生觀與科學》

宗教是從情的、意的兩方面，給人類一個“超世界”的信仰，那現世的道德，自然也跟着得個標準。

——《飲冰室文集》，第七十二卷第九頁，《歐遊心影錄節錄》

無論若何高邃之宗教，要之，皆人類社會之產物也。既為社會產物，故一方面能影響社會，一方面又恆能受社會之影響，此事理之無可逃避者。

——同上，第六十卷第一頁，《印度史蹟與佛教之關係》

佛教二千年來，循進化之公例，常為不斷的發展。其最顯著之跡，則由小乘而進為大乘也。

——同上，第六十二卷第一頁，《讀異部宗輪論述記》

夫宗教必須有順應環境性乃能生存，佛教既普於種種異言異俗之民族，則其所詮譯、所理解自不能悉仍其舊，當然各帶地方的色彩。

——同上，第六頁

宗教之責任，在培養國民道德。

——《答禮茶話會演說辭》

凡筦一國人心之樞者，必在其宗教。宗教精神所表示，恆托於其崇奉之神。世界各國宗教，無論為多神教，為一神教，為無神教，要之其崇奉之動機，起於為自身求福利者什八九。

——《中國道德之大原》

西人動誚我以多神，謂在教界未為進化；殊不知我之教義，以報恩之一大原則為之主宰，恩我者多，而報不容以不徧，此祀事所由日滋也。既本此原則以立教義，故以此教義衍成禮俗，制成法律，於以構造社會而維持之、發達之。其所以能聯屬全國人，使之若連環相綴而不可解者，此其最强有力之主因也。

——《中國道德之大原》

今日世界衆生，根器薄弱，未能有一切成佛之資格，未能達羣龍無首之地位，故必賴有一物焉從而統一之；然後不至隨意競爭，軼出範圍之外，散漫而無所團結。統一之具不一，而宗教其最要者也。故人人自由之中，而有一無形之物位於其上者，使其精神結集於一團。其遇有不可降之客氣也，則此物足以降之；其遇有不可制之私欲也，則此物可以制之；其遇有不可平之黨爭也，則此物可以平之。若此者，莫善於宗教。宗教精神一軍隊精神也，故在愈野蠻之國，則其所以統一民志者，愈不得不惟宗教是賴。使今日世界而已達文明之極點也，則人人有自治力，誠無待於宗教；而無如今猶非其時也，故曰無宗教思想，則無統一。

——《論宗教家與哲學家之長短得失》

希望者，人道之糧也。人莫不有二境界，一曰現在界，一曰未來界。現在界屬於實事，未來界屬於希望。人必常有一希望焉，懸諸心目中，然後能發動其勇氣，而驅策之以任一切之事。雖然，有一物焉，常與希望相緣，而最為希望之蠹者，曰“失望”。當希望時，其氣盛數倍者，至失望時，其氣沮亦數倍；故有形之希望，希望中之頗危險者也。若宗教則無形之希望也！此七尺之軀殼，此數十寒暑之生涯，至區區眇小不足道也。吾有靈魂焉，吾之大事業在彼不在此，故苦我者一時，而樂我者永刼；苦我者幻體，而樂我者法身。得此希望，則有安身立命之地，無論受何挫折，遇何煩惱，皆不至消沮，而其進益厲。苟不爾者，則一失意而頹然喪矣！故曰：無宗教思想，則無希望。

——《論宗教家與哲學家之長短得失》

人之所以不能成大事業者，大率由為外境界之所束縛也。聲焉，色焉，貨焉，利焉，妻孥焉，名譽焉，在在皆可沾戀。一有沾戀，則每遇一事也，雖認為責任之所不容諉，而於彼乎於此乎一一計度之，而曰如此且不利於吾名譽，則任事之心減三四焉矣；而曰如此且不利於吾身家，則任家之心減六七焉矣；而曰如此且不利於吾性命，則任事之心減八九焉矣。此所以知非艱而行惟艱！宗教者，導人以解脫者也。此器世間者，業障之所成耳；此頑軀殼者，四大之所合耳！身且非我有，而身外之種種幻象，更何留戀焉？得此法門，則自在游行，無罣無礙，舍身救世，直行無所事矣？而不然者，雖日日强節之，而臨事猶不能收其效也，故曰：無宗教思想則無解脫。

——《論宗教家與哲學家之長短得失》

甚矣，人性之薄弱也！孔子曰："知及之，仁不能守之。"若是者比比然矣。故佛之說教也，曰大雄，曰大無畏，曰奮迅勇猛，曰威力：括此數義，而取象於師子。夫人之所以有畏者，何也？畏莫大於生死，有宗教思想者，則知無所謂生，無所謂死。死者，死吾體魄中之鉄，若餘金類木類炭小粉糖鹽水，若餘雜質氣質而已；而吾自有不死者存，曰靈魂。既常有不死者存，則死吾奚畏？死且不威[1]，餘更何有？故真有得於大宗教、良宗教之思想者，未有不震動奮勵，而雄强剛猛者也。

---

[1] "威"，當為"畏"。——編者註

——《論宗教家與哲學家之長短得失》

宗教貴信；信有正信，有迷信。勿論其正也、迷也，苟既信矣，則必至誠；至誠則能任重，能致遠，能感人，能動物。故尋常人所以能為一鄉一邑之善士也，常賴宗教；大人物所以能為驚天動地之事業者，亦常賴宗教。抑人之至誠，非必待宗教而始有也，然往往待宗教而始動，且得宗教思想而益增其力，宗教其顧可蔑乎？

——《論宗教家與哲學家之長短得失》

宗教家言，所以立身也，所以治事也而非所以講學。何以故？宗教與迷信常相為緣故，一有迷信，則眞理必掩於半面；迷信相續，則人智遂不可得進，世運遂不可得進。故言學術者，不得不與迷信為敵；敵迷信則不得不並其所緣之宗教而敵之。故一國之中，不可無信仰宗教之人，亦不可無摧壞宗教之人；生計學公例，功愈分而治愈進焉，不必以操術之殊而相非也。

——《論宗教家與哲學家之長短得失》

宗教家言，皆應於衆生根器而說法也。故時時不同，地地不同，一時一地，亦復人人不同。吾聞某教之言而生感者，卽吾應以某教而得度也。故今日文明國最重信教自由，吾烏敢而限之。且吾今之言，言宗教也，非言宗教學也；若言宗教學，則固有優劣高下之可言。今以之立身，以之治事，則不視其教之優劣高下如何，而視其至誠所感所寄之程度如何。雖劣下如袁了凡之宗教，有時亦能產人物，他無論也。若夫以宗教學言，則橫盡虛空，豎盡來刼，取一切衆生而度盡之者，佛其至矣！佛其至矣！

——《論宗教家與哲學家之長短得失》

凡迷信宗教者必至誠，而至誠不必盡出於迷信宗教。至誠之發，有誠於善者，亦有誠於惡者；但使既誠矣，則無論於善於惡，而其力量常過於尋常人數倍。至誠與發狂二者之界線，相去一杪黍耳；故其舉動之奇警也，猛烈也，堅忍也，銳入也，常有為他人之所不能喻者，以為彼何苦如是。其至誠之惡焉者，如至誠於色而為情死。至誠於貨而攫市金；其善焉者，如至誠於孝而割股，至誠於忠而漆身，至誠於國，至誠於道而流血成仁：若此者皆不誠之人所百思不得其解者也。故天地間有一無二之人物，天地間可一不可再之事業，罔不出於至誠；知此義者，可以論宗教矣。

——《論宗教家與哲學家之長短得失》

教與國不同：國者積民而成，舍民之外更無國，故國必恃人力以保之；教則不然，教也者，保人而非保於人者也。以優勝劣敗之公例推之，使其教而良也，其必能戰勝外道。愈磨而愈瑩，愈壓而愈伸，愈束而愈遠；其中自有所謂一種烟士披里純（Inspiration）者，以嘘吸人之腦識，使之不得不從我，豈其俟人保之？

——《保教非所以尊孔論》

夫信教自由之理，一以使國民品性趨於高尚，一以使國家團體歸於統一，而其尤要者，在畫定政治與宗教之權限，使不相侵越也。政治屬世間法，宗教屬出世法。教會不能以其權侵政府，固無論矣；而政府亦不能濫用其權，以干預國民之心魂也。故此法行而治化大進焉。吾中國歷史有獨優於他國者一事，即數千年無爭教之禍是也。

——《保教非所以尊孔論》

吾祖國前途有一大問題曰：“中國羣治當以無信仰而獲進乎？抑當以有信仰而獲進乎？”是也，信仰必根於宗教；宗教非文明之極則也。雖然，今日之世界，其去完全文明尚數十級，于是乎宗教遂為天地間不可少之一物。人亦有言：“教育可以代宗教”，此語也，吾未敢遽謂然也。即其果然，其在彼教育普及之國，人人皆漸漬熏染，以習慣而成第二之天性，其德力智力，日趨於平等；如是，則雖或缺信仰而猶不為害。今我中國猶非其時也，于是乎信仰問題終不可以不講。

——《論佛教與羣治之關係》

吾國有特異於他國者一事，曰：無宗教是也。淺識者或以是為國之恥，而不知是榮也，非辱也。宗教者，於人羣幼稚時代雖頗有效，及其既長成之後，則害多而利少焉。何也？以其阻學術思想之自由也。吾國民食先哲之福，不以宗教之臭味，混濁我腦性，故學術思想之發達，常優勝焉！

——《論中國學術思想變遷之大勢》

中國無宗教無迷信，此就其學術發達以後之大體言之也。中國非無宗教思想，但其思想之起特早，且常倚於切實。故迷信之力不其強，而受益受敝皆少。中國古代思想，敬天畏天，其第一著也。

——《論中國學術思想變遷之大勢》

宗教者，天然性之反對者也，補助者也。常有宗教以與人類天然之惡質相抗，然後能促人羣之結合，以使之宗教。故宗教家言，未有不犧牲個人現在之利益，以謀社會全體未來之利益者，宗教之可貴，在是而已。

——《進化論革命者頡德之學說》

宗教家之論動言天國，言大同，言一切衆生，所謂博愛主義、世界主義，抑豈不至德而深仁也哉！雖然，此等主義，其脫離理想界而入於現實界也，果可期乎？此其事或待之萬數千年後，吾不敢知，若今日將安取之！

——《新民說》

八、藝　術

美術所以能產了科學，全從“眞美合一”的觀念發生出來，他們覺得眞切是美，又覺得眞纔是美，所以求美先從眞入手。

——同上，第一輯第五十三頁，《美術與科學》

觀察的條件，是要對於所觀察的對象有十二分的興味，用全副精神注在他上頭。

——同上，第一輯第五十七頁

觀察要取純客觀態度，不許有絲毫主觀僻見攙在裏頭，若有一點，所觀察的便會走了樣子。

——同上，第一輯第五十七頁

眞正的藝術作品，最要緊的是描寫出事物的特性；然而特性各各不同，非經一番分析的觀察功夫不可。

——同上，第一輯第五十八頁

從尋常人不會注意的地方，找出各人情感的特色。

——同上，第一輯第五十八頁

美術家的觀察，不但以周徧精密為能事，最重要的是深刻。

——同上，第一輯第五十九頁

美術家彫畫一種事物，總要在未動工以前，先把那件事物的整個實在體完全攝取，一攫攫住他的生命，霎時間和我的生命合併為一。

——同上，第一輯第五十九頁

美術的任務，自然是在表情；但表情技能的應用，須有規律的組織，令各部分互相照應。

——同上，第一輯第五十九頁

美術家所以成功，全在觀察“自然之美”；怎樣纔能看得出自然之美，最要緊是觀察“自然之眞”。

——同上，第一輯第六十二頁

能觀察自然之眞，不惟美術出來，連科學也出來了。所以美術可以算得科學的全鎖匙。

要替美術界開闢出一條可以人人共由之路，而且令美術和別的學問可以相溝通濬發。

——同上，第一輯第六十二頁

美術中最主要的一派，是描寫自然之美，常常把我們所曾經賞會或像是曾經賞會的都復現出來。

——《學術演講集》，第三輯第六頁，《美術與生活》

前清一代學風，與歐洲文藝復興時代相類甚多；其最相異之一點，則美術、文學不發達也。

——《清代學術概論》，第一六九頁

我國文明，發源於北部大平原；平原雄偉曠蕩而少變化，不宜於發育美術；所謂復古者，使古代平原文明之精神復活，其美術的要素極貧乏，則亦宜也。

——同上，第一七一頁

我國文學、美術，根柢極深厚，氣象皆雄偉；特以其為“平原文明”所產育，故變化較少。

——同上，第一八頁❶

今後西洋之文學、美術，行將盡量輸入；我國民於最近之將來，必有多數之天才家出焉；採納之而傅益以己之遺產，創成新派。與其他之學術相聯絡呼應，為趣味極豐富之民衆的文化運動。

——同上，第一八〇頁

情感教育最大的利器，就是藝術：音樂、美術、文學這三件法寶，把“情感祕密”的鑰匙都掌住了。藝術的權威，是把那霎時間便過去的情感，捉住他令他隨時可以再現；是把藝術家自己“箇性”的情感，打進別人們的“情閾”裏頭，在若干期間內占領了“他心”的位置。

——《飲冰室文集》，第七十一卷第二頁，《中國韵文裏頭所表演的情感》

藝術家認清楚自己的地位，就訣知道：最要緊的工夫，是要脩養自己的情感，極力往高潔純摯的方面，向上提絜，向裏體驗，自己腔子裏那一團優美的情感養足了，再用美妙的技術把他表演出來，這纔不辱沒了藝術的價值。

——《中國韵文裏頭所表演的感情》

❶ 疑為“第一八〇頁”。——編者註

編後記

梁啓超（1873~1929），字卓如、任甫，號任公，別號飲冰室主人，廣東省新會縣人，人稱梁新會。清朝末年、民國初年的思想家、政治家、教育家、史學家、文學家。1894 年，梁啓超提倡變法，並於上海主撰《時務報》，著《變法通議》，刊布報端，啓發國人之革新思想。與譚嗣同等六人同參新政，因保守派反對，變法失敗，譚嗣同等被殺，梁啓超逃亡日本。中華民國成立後，梁啓超返回中國，並參與了反對袁世凱稱帝的鬥爭。晚年遠離政治，專以著述講學爲務，又深研佛學。

《梁任公語粹》涉及哲理、政治、國家、學術、社會、教育、宗教和藝術八個方面的內容，闡述了作者的觀點與看法，是認識和研究梁啓超的重要參考資料。

本社此次以上海群學書社 1930 年印行的《梁任公語粹》爲底本進行整理：一，將底本的豎排版式轉換爲横排版式，並在原書體例和層次上作出調整，以適合今人閱讀。二，在語言文字方面，則基本尊重底本原貌，與今天的現代漢語相比較，民國時期的用詞和詞彙雖與今天的漢語習慣有細微差異，但它們從總體上都屬於民國時期文言向現代白話過渡過程中的一種語言現象，爲民國圖書整體特點之一，如“于、於”二字混用情況，對於此類問題，均以尊重原稿、保持原貌、不予修改的原則進行處理。三，底本上雖然進行了標點，但在很多地方並不規範，編者按照現代漢語的語法規則進行規範，特別是雙引號和書名號的使用，進行了修改和調整，以便於讀者閱讀和理解。四，對於原書在內容和知識性上存在的一些錯誤，此次整理者均以“編者註”的形式進行了修正或解釋，最大限度地消除讀者的困惑。

文　茜　賈吉峰

2014 年 6 月

《民國文存》第一輯書目

紅樓夢附集十二種	徐復初
萬國博覽會遊記	屠坤華
國學必讀（上）	錢基博
國學必讀（下）	錢基博
中國寓言與神話	胡懷琛
文選學	駱鴻凱
中國書史	查猛濟、陳彬龢
林紓筆記及選評兩種	林紓
程伊川年譜	姚名達
左宗棠家書	許嘯天句讀，胡雲翼校閱
積微居文錄	楊樹達
中國文字與書法	陳彬龢
中國六大文豪	謝無量
中國學術大綱	蔡尚思
中國僧伽之詩生活	張長弓
中國近三百年哲學史	蔣維喬
段硯齋雜文	沈兼士
清代學者整理舊學之總成績	梁啟超
墨子綜釋	支偉成
讀淮南子	盧錫烴

國外考察記兩種	傅芸子、程硯秋
古文筆法百篇	胡懷琛
中國文學史	劉大白
紅樓夢研究兩種	李辰冬、壽鵬飛
閒話上海	馬健行
老學蛻語	范禕
中國文學史	林傳甲
墨子閒詁箋	張純一
中國國文法	吴瀛
《四書》《周易》解題及其讀法	錢基博
老莊研究兩種	陳柱、顧實
清初五大師集（卷一）·黃梨洲集	許嘯天整理
清初五大師集（卷二）·顧亭林集	許嘯天整理
清初五大師集（卷三）·王船山集	許嘯天整理
清初五大師集（卷四）·朱舜水集	許嘯天整理
清初五大師集（卷五）·顔習齋集	許嘯天整理
文學論	［日］夏目漱石著，張我軍譯
經學史論	［日］本田成之著，江俠庵譯
經史子集要畧（上）	羅止園
經史子集要畧（下）	羅止園
古代詩詞研究三種	胡樸安、賀楊靈、徐珂
古代文學研究三種	張西堂、羅常培、吕思勉
巴拿馬太平洋萬國博覽會要覽	李宣龔
國史通略	張震南
先秦經濟思想史二種	甘乃光、熊夢
三國晉初史略	王鍾麒
清史講義（上）	汪榮寶、許國英

清史講義（下）	汪榮寶、許國英
清史要略	陳懷
中國近百年史要	陳懷
中國近百年史	孟世傑
中國近世史	魏野疇
中國歷代黨爭史	王桐齡
古書源流（上）	李繼煌
古書源流（下）	李繼煌
史學叢書	呂思勉
中華幣制史（上）	張家驤
中華幣制史（下）	張家驤
中國貨幣史研究二種	徐滄水、章宗元
歷代屯田考（上）	張君約
歷代屯田考（下）	張君約
東方研究史	莫東寅
西洋教育思想史（上）	蔣徑三
西洋教育思想史（下）	蔣徑三
人生哲學	杜亞泉
佛學綱要	蔣維喬
國學問答	黄筱蘭、張景博
社會學綱要	馮品蘭
韓非子研究	王世琯
中國哲學史綱要	舒新城
中國古代政治哲學批判	李麥麥
教育心理學	朱兆萃
陸王哲學探微	胡哲敷
認識論入門	羅鴻詔

儒哲學案合編	曹恭翊
荀子哲學綱要	劉子静
中國戲劇概評	培良
中國哲學史（上）	趙蘭坪
中國哲學史（中）	趙蘭坪
中國哲學史（下）	趙蘭坪
嘉靖御倭江浙主客軍考	黎光明
《佛游天竺記》考釋	岑仲勉
法蘭西大革命史	常乃悳
德國史兩種	道森、常乃悳
中國最近三十年史	陳功甫
中國外交失敗史（1840~1928）	徐國楨
最近中國三十年外交史	劉彦
日俄戰爭史	呂思勉、郭斌佳、陳功甫
老子概論	許嘯天
被侵害之中國	劉彦
日本侵華史兩種	曹伯韓、汪馥泉
馮承鈞譯著兩種	伯希和、色伽蘭
雲南金石目略初稿	李根源
北平廟宇碑刻目録	張江裁、許道齡
晚清中俄外交兩例	常乃悳、威德、陳勛仲
美國獨立建國	商務印書館編譯所、宋桂煌
不平等條約的研究	張廷灝、高爾松
中外文化小史	常乃悳、梁冰弦
中外工業史兩種	陳家錕、林子英、劉秉麟
中國鐵道史（上）	謝彬
中國鐵道史（下）	謝彬

中國之儲蓄銀行史（上）	王志莘
中國之儲蓄銀行史（下）	王志莘
史學史三種	羅元鯤、呂思勉、何炳松
近世歐洲史（上）	何炳松
近世歐洲史（下）	何炳松
西洋教育史大綱（上）	姜琦
西洋教育史大綱（下）	姜琦
歐洲文藝雜談	張資平、華林
楊墨哲學	蔣維喬
新哲學的地理觀	錢今昔
德育原理	吴俊升
兒童心理學綱要（外一種）	艾華、高卓
哲學研究兩種	曾昭鐸、張銘鼎
洪深戲劇研究及創作兩種	洪深
社會學問題研究	鄭若谷、常乃惪
白石道人詞箋平（外一種）	陳柱、王光祈
成功之路：現代名人自述	徐悲鴻等
蘇青與張愛玲：文壇逸站	白鷗
文壇印象記	黄人影
宋元戲劇研究兩種	趙景深
上海的日報與定期刊物	胡道靜
上海新聞事業之史話	胡道靜
人物品藻録	鄭逸梅
賽金花故事三種	杜君謀、熊佛西、夏衍
湯若望傳（第一册）	［德］魏特著，楊丙辰譯
湯若望傳（第二册）	［德］魏特著，楊丙辰譯
摩尼教與景教流行中國考	馮承鈞

楚詞研究兩種	謝無量、陸侃如
古書今讀法（外一種）	胡懷琛、胡朴安、胡道静
黃仲則詩與評傳	朱建新、章衣萍
中國文學批評論文集	葉楚傖
名人演講集	許嘯天
印度童話集	徐蔚南
日本文學	謝六逸
齊如山劇學研究兩種	齊如山
俾斯麥（上）	［德］盧特維喜著，伍光建譯
俾斯麥（中）	［德］盧特維喜著，伍光建譯
俾斯麥（下）	［德］盧特維喜著，伍光建譯
中國現代藝術史	李樸園
藝術論集	李樸園
西北旅行日記	郭步陶
新聞學撮要	戈公振
隋唐時代西域人華化考	何健民
中國近代戲曲史	鄭震
詩經學與詞學 ABC	金公亮、胡雲翼
文字學與文體論 ABC	胡朴安、顧藎丞
目録學	姚名達
唐宋散文選	葉楚傖
三國晉南北朝文選	葉楚傖
論德國民族性	［德］黎耳著，楊丙辰譯
梁任公語粹	許嘯天選輯
中國先哲人性論	江恆源
青年修養	曹伯韓
青年學習兩種	曹伯韓

青年教育兩種	陸費逵、舒新城
過度時代之思想與教育	蔣夢麟
我和教育	舒新城
社會與教育	陶孟和
國民立身訓	謝無量
讀書與寫作	李公樸
白話書信	高語罕
文章及其作法	高語罕
作文講話	章衣萍
實用修辭學	郭步陶
版本通義・古籍舉要	錢基博
中國戲劇概評	向培良
現代文學十二講	[日] 昇曙夢著，汪馥泉譯